FISH!

フィッシュ！

鮮度100% ぴちぴちオフィスのつくり方

スティーヴン・C・ランディン、
ハリー・ポール&ジョン・クリステンセン
相原真理子=訳

早川書房

フィッシュ！

鮮度100％
ぴちぴちオフィスのつくり方

FISH!

A Remarkable Way to Boost Morale and Improve Results

by

Stephen C. Lundin, Ph.D., Harry Paul,
and John Christensen

Translated by
Mariko Aihara
Originally published in the United States and Canada by
Hyperion
First published 2000 in Japan by
Hayakawa Publishing, Inc.
This book is published in Japan by
arrangement with
Hyperion
an imprint of Buena Vista Books, Inc.
through The English Agency (Japan) Ltd.

もっと楽しく生産的な雰囲気のなかで仕事をしたいと願う何百万もの働く人々と、できれば世界的に有名なパイク・プレイス魚市場で空中をとびたくないと思っている何十億もの魚に、本書をささげる。

ここには、責任を重視する革新的な職場環境をつくりあげるための秘訣が示されている。こうした環境では、遊び心と思いやりのある前向きな姿勢が、より多くのエネルギーと情熱、生産性と創造性を生みだす。

序文

『1分間マネージャー』『1分間顧客サービス』『1分間モチベーション』の著者
ケン・ブランチャード博士

このすばらしい物語は、もともとビデオ映画としてつくられたものだ。ジョン・クリステンセンと彼が所属するチャートハウス社が、シアトルにある世界的に有名なパイク・プレイス魚市場を題材にして、驚くべきビデオ《フィッシュ!》を製作した。わたしのセミナーでは必ずこのビデオを見せ、やる気のある社員をつくりだすことによって職場全体を燃えたたせ、顧客を喜ばせることが可能であることを教えている。

このたびスティーヴン・ランディンと、長年にわたるわたしの仕事仲間のハリー・ポール、それにジョン・クリステンセンが協力して、《フィッシュ！》を本にした。どんな媒体であらわされようと、これがすぐれたラブ・ストーリーであることは変わらない。本書が示すように、「仕事を愛するようになると、限りなく幸せになり、意義のある充実した毎日をすごすことができる」

それはきわめて重要なことだ。なにしろ成人は目覚めている時間の約七十五パーセントを、仕事に関連した活動についやしているのだ。仕事をするための支度をし、仕事場へいき、仕事をし、仕事について考え、仕事が終わったあとリラックスする、というぐあいだ。人生のその部分にそれだけの時間を使うなら、それを楽しみ、それによってエネルギーを得るのでなければつまらない。それなのに仕事の時間を、ほかの必要を満たすためだけに使っている人があまりにも多い。「やれやれ、やっと金曜日になった」というのが、依然として大多数の人の生活パターンだ。

そうした生きかたを、いますぐやめることができる。『フィッシュ！』を読み、いっしょに働く人たちにも読ませ、ランディンとポールとクリステンセンが示す四つの秘訣と、彼らが提案する戦略を実践することにより、それが可能になる。『フィッシュ！』を読むことはすべての管理職のためになるだろう。なぜなら、それにより雇用者の転職率を下げられるだけでなく、みんなに自分の仕事に対する誇りをもたせることができるからだ。人は楽しく活気があり、自分を生かせるような雰囲気のなかで働くのを好む。『フィッシュ！』で提示されている哲学は、社員にも利益をもたらす。それはストレスによる消耗を防ぎ、自分のやっていることにいきいきした興味をもちつづけることを可能にするからだ。

おわかりのように、わたしは『フィッシュ！』に興奮している。これは驚嘆に値する本だと思う。世界に名だたるパイク・プレイス魚市場の話はすばらしい。だがこれはたんに魚を売ることについての本ではなく、あなたの組織にもおこりうるラブ・ストーリーなのだ。

自分のやっていることを好きになる

いまの時代は、自分が本当に好きなことしかやるべきではないと考えるのがはやりだ。詩を書く、ヨットで世界中を旅行する、絵を描くなど、好きなことをしていれば、お金は自然に入ってくるという考えだ。たいして好きではないことをして働くには、人生は短すぎると考え、みな完璧な仕事場をさがしつづける。しかし理想的な仕事をさがすために将来にばかり目をむけていると、いまこの瞬間に手に入れることのできる、楽しい人生をのがしてしまうおそれがある。

現実の生活には、理想にかなった完璧な仕事を求めることをはばむ要因がいろいろある。多くの人は家族やその生活に対して大きな責任を負っている。自分が本当にやりたいことをまだ見つけられない人もいるだろう。個人的な生活にストレスが多く、新しい仕事をさがす時間とエネルギーがない場合もある。

いまやっているのが必ずしも好きなことでなくても、それを好きになることにより、だれもが潜在的にもっているエネルギーと創造性と情熱をひきだすことができる。『フィッシュ！』はそれを描いた寓話風の物語だ。

シアトル――月曜の朝

シアトルは雨で寒く、暗く陰うつな月曜の朝がいっそうわびしく感じられた。昼ごろには晴れ間がのぞくかもしれないという4チャンネルの天気予報が、せめてもの明るい知らせだった。メアリー・ジェーン・ラミレスは、こんな日には南カリフォルニアがなつかしくなる。

ずいぶんいろんなことがあった、と過去三年間をふりかえって思った。夫のダンがマイクロルール社から非常によい条件の勧誘を受けたのが発端だった。向こうへ移れば、自分もよい仕事が見つかるだろうとメアリー・ジェーンも思った。四週間という短いあいだにふたりは辞表をだし、荷造りをして引っ越しをし、子供たちにもかっこうの保育所を見つけた。ロサンゼルスの家を売りにだしたタイミングもよく、家はすぐに売れた。思ったとおり、メアリー・ジェーンはまもなくシアトルの大手の金融機関であるファースト・ギャランティー・フィナンシャルの、事業部門の管理者として就職することができた。

ダンはマイクロルール社での仕事を心から楽しんでいた。夜、いきいきした様子で家へ帰ってくると、自分が勤めているすばらしい会社やそこで手がけている先端的な仕事についての、いろいろな話をした。ダンとメアリー・ジェーンは子供たちを寝かせたあと、よく夜がふけるまで話しあった。ダンは新しい会社のことでわくわくしていたが、妻の一日についても興味をもち、新しい同僚や仕事のうえで彼女が直面している課題についても知りたがった。その光景を見れば、ふたりが親友同士であることがよくわかった。相手の存在によって、それぞれが輝きをはなつかのようだった。

ふたりの入念な計画には、将来おこるかもしれないさまざまな事態への対応策も含まれていたが、ひとつだけ予想していないことがあった。シアトルへきてから十二カ月たったある日、ダンは動脈瘤破裂で病院へかつぎこまれた。「遺伝による異常」という診断を受けたのち、彼は内出血のため一度も意識を回復しないまま息をひきとった。前兆は何もなく、さよならを言うひまもなかった。

あれが二年前の今月のこと。シアトルへきてまだ一年もたっていなかった……。

そこで考えるのをやめた。頭のなかが思い出でいっぱいになり、切ない思いがこみあげた。彼女は自分をおさえた。いまは私生活のことを考えるときではないわ。まだ勤務時間は半分も終わっていない。やるべき仕事は山ほどあるんだから。

ファースト・ギャランティー・フィナンシャル

ファースト・ギャランティー社での三年間に、メアリー・ジェーンは〝できる〟管理者という評価を受けていた。いちばん早く出社して最後まで残るというわけではなかったが、仕事熱心で、未決書類受けはいつも空だった。その誠実な仕事ぶりのために、社内でちょっとした問題が生じたほどだ。みな自分の受けもちの仕事が彼女の部署をとおるように、配慮しはじめたのだ。そうすれば仕事が早く、正確に処理されることがわかっているからだ。

彼女は上司としても評判がよかった。どんなときでも部下の心配ごとやアイディアに注意深く耳をかたむけ、そのため彼らに好かれ、尊敬されていた。子供が病気になったり、大事な用事ができたりした部下のために、仕事を肩がわりすることもまれではなかった。彼女はマネジャーとして部署を統轄する立場にあった。だがそのやりかたがゆったりしていたので、仕事をきちんとやるという以外には、緊張はなかった。仕事で直接かかわりをもつ人はみな、彼女といっしょに、あるいは彼女のために働くことを楽しんだ。メアリー・ジェーンがひきいる小人数のグループは、信頼できるチームという評判を得るようになった。

それと対照的なのが三階にある業務部門で、この部署は逆の理由で話題にのぼることが多かった。このグループを形容するのによく使われるのは、鈍い、資格なし、ゾンビ、不愉快、遅い、不毛、後ろ向きといった言葉だった。みんながこのグループのことを悪く言った。会社にとって不運なことに、どの部署も三階と仕事をしないわけにいかなかった。ファースト・ギャランティーがおこなう取引のほとんどが、ここで処理されるしくみになっていたからだ。だれもがこのグループとかかわることをおそれていた。

管理者たちは、三階での最新の失策についての話をかたりあった。三階にいった人は、そこがあまりに活気にとぼしいので、こちらまで生気を吸いとられてしまうと話した。メアリー・ジェーンは、マネジャーのひとりがノーベル賞に値する大発見をしたと言ったとき、みんなが大笑いしたことをおぼえている。どういう意味かとたずねると、彼は言ったものだ。「三階に生き物がいるらしいことを発見したんだ」

数週間後、あまり気は進まなかったが、メアリー・ジェーンはファースト・ギャランティーの三階の業務部門の部長に昇進させるという会社の決定を受けいれた。会社は彼女に大いに期待していたが、メアリー・ジェーンのほうはそれを承諾することにためらいがあった。現在の仕事に満足していたし、ダンの死後はリスクをともなうことをあまりしたくなかった。彼女が率いてきたグループは、ダンが亡くなったあとのつらい時期をいっしょにすごしてくれた。そのことでグループのみんなと強い連帯感をもっていた。苦しいときに支えてくれた人たちと別れるのはつらかった。

メアリー・ジェーンは三階のひどい評判が気になってもいた。実際、ダンの入院費という予期せぬ出費がなければ、昇給をともなうこの昇進をことわっていただろう。だがそういう事情で、結局悪名高い三階にいくことになった。この職につくのは、過去二年間で三人目だった。

三階

最初の五週間、彼女は新しい仕事とスタッフを理解しようとつとめた。意外なことにここで働いている人たちの多くに好感をもったが、やはり三階について悪評がたつのも無理ないことがすぐにわかった。この部署に五年いるベテラン社員のボブが、電話が七回なったあとわざとコードを抜いて、電話がつながらないようにするのを目撃した。女性社員のマーサが、仕事を早くしてくれと〝うるさく言う〟社内の連中にどう対処しているかを話すのも耳にした。彼女は〝うっかり〟彼らのファイルを、処理済み書類入れにいれてしまうのだという。休憩室にいくたびに、だれかがテーブルでいねむりしていた。

朝はたいてい始業時間になっても十分から十五分は、電話がなりっぱなしだった。スタッフがまだ出社していないからだ。その理由を問われると、下手な言い訳が山ほどかえってくる。あらゆることがスローモーションでおこなわれた。三階がゾンビのようだと言われるのも当然だ。メアリー・ジェーンはどうしたらいいか見当もつかなかった。だがともかくなんとかしなければならないのは確かだった。それも早急に。

前の晩、子供たちを寝かせてから、日記に書くことで自分のおかれた状況を整理しようとした。昨夜の記述を読んだ。

金曜日は寒くて陰気くさい日だったけど、会社のわたしのオフィスの窓から見える光景は、陰気という言葉でもまだ足りないぐらい、活気がなかった。ときどき三階に生きた人間がいることを疑ってしまう。ベビー・シャワー（赤ちゃん用品を贈るパーティー）か結婚式でもないと、だれもしゃんとしそうにない。仕事のことでは、みんなまったく興奮しない。

わたしは三十人の部下をかかえているわけだけど、スタッフはみなのろのろと短い時間仕事をして、薄給をもらっている。ほとんどの人は何年も前から同じやりかたでいやいや仕事をしていて、退屈しきっている。いい人たちみたいだけど、まるっきりやる気がない。この部署の沈滞した雰囲気に毒されて、新しくきた人もすぐにやる気を失ってしまう。みんなのあいだをまわって歩いていると、空気から酸素がすっかり吸いとられてしまっているように感じる。息をするのも苦しいほどだ。

先週、二年前に導入されたコンピュータ・システムをまだ使っていない事務員を、四人見つけた。昔ながらのやりかたのほうがいいと言う。ほかにどんなびっくりすることがあるのやら。

舞台裏の仕事とは、こんなものなのだろう。興奮するようなことは何もない。取引の処理をするだけだ。それにしてもこれはひどすぎる。わたしたちの仕事が会社にとっていかに大事かを、みんなに伝える方法をさがさなくては。わたしたちがやっている仕事のおかげで、ほかの部門の人たちが会社の顧客にサービスできるのだ。

わたしたちの仕事は不可欠なものだけれど、おもてに出ないからありがたみがわからない。わたしたちはいわば組織の裏方だ。この部署がこれほどひどくなければ、会社のレーダースクリーンにあらわれることもないだろう。ところが、これがひどいのだ。

だれもこの仕事が好きでいまの部署にきたわけではない。このフロアでお金に困っているのは、わたしだけではない。何人もの女性と一人の男性が、自分一人で子供を育てている。ジャックは病気の父親を家にひきとったところだ。ボニーとご主人の家には、二人の孫が同居している。わたしがここにいるのは、サラリーと安定と恩典という三つの大きな理由のためだ。

メアリー・ジェーンは日記に書いた最後の文章について考えた。裏方の仕事は、一生変わらないと思われている。給料はそこそこよく、仕事は安全だ。部長室の外のパーティションやデスクの列を見て、いくつかの質問が頭にうかんだ。「自分たちが大事に思っている安定が、幻想にすぎないことを、スタッフは知っているだろうか？　市場の力がこの産業を変えようとしていることに気づいているのか？　急速に再編がすすむ金融業界でこの会社が競争していくためには、わたしたちみんなが変わる必要があることを、理解しているのか？　変わることができなければ、いずれほかの職をさがさなければならなくなることに、気づいているのか？」

答えはわかっている。すべてノーだ。彼女のスタッフはこれまでのやりかたに固執している。彼らはあまりにも長いあいだ、舞台裏にとり残されてきた。みなただ仕事をこなし、変化がおとずれる前に退職の時期がくることを願っているだけだ。彼女自身はどうだろう? 彼らとさほど変わらないのではないか?

電話のベルの音に、現実にひきもどされた。その電話のあと、六十分にわたって〝消火活動〟をおこなった。まず、大事なクライアントのファイルが紛失したが、それが最後に目撃されたのが三階だとうわさされていることを知った。つぎに、べつの部署のだれかがいつまでも待たされるのに業を煮やして三階へやってきて、不愉快なシーンをくりひろげた。これにより、すくなくとも活気がもたらされたことは確かだった。それから法務部のだれかが、三回も電話を切られたと文句を言ってきた。さらに、病気で欠勤している何人ものスタッフのひとりが、今日までに処理するはずの重要なプロジェクトをかかえていることがわかった。午前中の最後の火事を消しおわると、メアリー・ジェーンはお弁当をもってドアへむかった。

ごみ溜め

この五週間、メアリー・ジェーンは昼休みには会社を出ることにしている。カフェテリアへいくと、昼食をとっている連中はいつものように会社の悪口を言いあい、三階について不平を言っているにちがいない。いまやそれは自分に直接かかわることであり、それをきくと気がめいる。彼女は新鮮な空気が吸いたかった。

たいてい坂をおりて、湾のそばでお昼を食べる。ベーグルをかじりながら海をながめたり、観光客が小さな店にむらがるのをながめたりする。あたりは静かで、ピュージェット湾のおかげで自然に親しむこともできた。

部長室をでてパーティションで区切られたデスクをふたつとおりすぎたとき、電話のなる音がきこえた。保育所からかもしれない。そういえば今朝ステイシーは鼻水をだしていた。そこで部長室にかけもどり、四回目の呼び出し音で受話器をとりあげた。「メアリー

・ジェーン・ラミレスですが」と、息をきらしながら言った。
「メアリー・ジェーン、ビルだ」

やれやれ、今度は何？　新しいボスの声をききながらメアリー・ジェーンは思った。三階の仕事を引き受けるのをためらった理由のひとつに、ビルのことがあった。彼はいやなやつという評判だった。彼女の見たかぎりでは、その評判はあたっている。ビルはやたらに命令し、こちらの言葉をさえぎり、子供に言うような口調で仕事のことをきくという腹立たしいくせがある。「メアリー・ジェーン、スタントン・プロジェクトのことはわかってるかい？」まるで彼女が何も知らないと思っているかのように言う。この部署の部長はメアリー・ジェーンが二年間で三人目だったが、ひんぱんに部長が変わるのは三階のスタッフのせいだけではないことが、彼女にもわかりはじめていた。ビルにも問題があるのだ。

「午前中の幹部会議がいま終わったところなんだが、今日の午後きみと話がしたいんだ」

「いいですよ。何か問題があるの？」

「これからわが社も困難な時期にさしかかると幹部たちは考えている。それで生き残るためには、社員ひとりひとりが最善を尽くさねばならないというんだ。社員がもっと生産性を高めなければ、変化もやむをえない。活気がなくてモラールの低い部署がいくつかあって、それが全体に悪影響をおよぼしているという話もでた」

メアリー・ジェーンはどきっとした。

「ボスが職場の精神について本音で話す会議にいってきて、やる気満々になっている。三階だけを槍玉に上げるのはどうかと思うが、彼は三階がわが社の最大の問題だと思っているようだ」

「三階を名ざししたんですか？」

「名ざししただけじゃなく、特別な名前で呼んだ。〝ごみ溜め〟とね。自分の部署がごみ溜めなんて呼ばれるのは許せない！　ぜったいにいやだ！　まったくの恥だ」

「ごみ溜めですって？」

「そうだ。それについてどう対処しているか、とボスはわたしを厳しく追及した。だからわたしも彼と同じように思っており、問題の解決をはかるためにきみを呼び入れたと話した。彼は進みぐあいを逐一報告しろと言う。それで、もう解決できたか？」

もう解決できたかですって？　新しい部署にきてまだ五週間しかたっていないのに！

「まだですけど」と、彼女は言った。

「急いでくれ、メアリー・ジェーン。もしできそうもなかったら、そう言ってほしい。だれかほかの人を考えなきゃならんから。ボスは全員にもっと気力と情熱とやる気が必要だと確信している。わたしとしてはなぜ三階に情熱と気力がいるのか、よくわからんがね。ロケットを製造してるわけじゃないんだから。個人的には、事務員たちにそれほど多くを期待してはいないんだがね。ボスは三階があまり長いことジョークのたねにされているから、そこを直せば問題が解決できると思ってるのかもしれない。何時に会えるかな？」

「二時はどう？」

「二時半にしよう」

「いいわ」

ビルは彼女の声にいらだちがまじっているのに気づいたのだろう。「くよくよすることはないよ、メアリー・ジェーン。とにかくいま言ったことをやってくれ」

まったく頭にくるわ、と受話器をおきながら思った。くよくよすることはないですって！　でも彼はわたしのボスだし、問題があるのは事実だ。それにしてもなんていやなやつだろう。

いつもとちがうこと

メアリー・ジェーンはかっかしながらふたたびエレベーターに向かった。いつものように坂をおりて湾のほうへいくかわりに、衝動的にファースト・ストリートを右へまがった。ふだんより長く歩きたい心境だった。〝ごみ溜め〟という言葉が、頭のなかをかけめぐっていた。

ごみ溜めね！　つぎは何かしら？　ファースト・ストリートを歩いていると、頭のなかで小さな声がささやいた。「おまえがいちばんいやなのも、三階のごみだろう。なんとかしなきゃいけないぞ」

　ファースト・ストリートを歩いているうちに、きたことのないところへでた。にぎやかな笑い声に注意をひかれてそちらを見ると、左手に市場があるのに気づいて驚いた。話にはきいていたが、経済的余裕がないし、おさない子供を二人抱えている身なので、高級専門店が集まった市場は避けていた。医療費が全額支払われるまでつましく暮らさねばならないため、こうした場所へは近づかないようにしていたのだ。車でとおったことはあるが、歩いてくるのははじめてだった。

　向きを変えてパイク・プレイスを歩いていくと、身なりのよい人々がおおぜい、魚市場のまわりに集まっていた。みな笑っている。メアリー・ジェーンは自分のおかれた状況の深刻さを考え、最初は笑いに抵抗を感じた。そこから立ち去ろうとしたとき、頭のなかの声が言った。「こういうときこそ笑ったほうがいい」彼女はもっと近づいた。魚を売っている男性のひとりが叫んだ。「やあ、ヨーグルトおじさんとヨーグルトおばさん！」すると立派な身なりをした何十人もの人々が、いっせいにヨーグルトのカップを高々と宙にかかげた。おやおや、とメアリー・ジェーンは思った。いったい何なの、これ？

世界的に有名なパイク・プレイス魚市場

ひょっとして、いま宙をとんだのは魚？　錯覚ではないかと目をこらした。と、また同じことがおこった。白いエプロンに黒いゴム長という、一目でそれとわかるかっこうをした店員のひとりが大きな魚をもちあげ、五、六メートルはなれた高いカウンターへ向かって投げて、大声で言った。「サケが一ぴき、ミネソタへとんでった」するとほかの店員もみな声をあわせて同じことを言った。「サケが一ぴき、ミネソタへとんでった」カウンターのうしろの男性は、片手でみごとにサケを受けとめ、その技をたたえて拍手する人々に向かっておじぎをした。あたりは活気に満ちている。

右手を見るとべつの店員が、大きな魚がしゃべっているかのようにその口をぱくぱく動かして、小さな男の子をからかっていた。白髪まじりの髪がうすくなりかけたやや年配の

フィッシュ！

店員が、「きいてくれ、きいてくれ、魚のことならなんでもきいてくれ！」と大声で言いながら、歩きまわっている。レジのところにいる若い店員は、お手玉のようにカニをほうり投げている。アメリカ退職者協会のカードをもったふたりの客は、店員が自分たちの選んだ魚と会話しているのを見て、げらげら笑っていた。市場全体がいきいきしている。メアリー・ジェーンは見物しながら、しだいにくつろいだ気持ちになっていった。

ヨーグルトのカップをかかげている人たちを見た。会社員のようだけど。ほんとに昼休みに魚を買いにくるのかしら、それともアトラクションを見にくるだけかしら？

彼女は気づかなかったが、魚屋の店員のひとりが群集のなかにいるメアリー・ジェーンに目をとめた。彼女の好奇心と真剣さにひかれ、店員はメアリー・ジェーンに近づいた。

「どうしたの？ ヨーグルトはもってないのかい？」メアリー・ジェーンがまわりを見まわすと、黒い巻き毛を長くのばしたハンサムな若者が立っている。彼はにこにこしながら彼女を見つめていた。

「ヨーグルトならバッグに入ってるわ」どぎまぎしながら、茶色いバッグをさした。「でも、ここでおこっていることがよくわからないの」

「前にもきたことある?」

「いいえ。いつも湾のほうでお昼を食べるの」

「それはいいな。あのへんは静かだから。ここは静かとは言えないからな。じゃあ今日はどうしてここへきたの?」

右のほうで店員が困ったような顔で、「さあ、さあ、魚を買っとくれ」と叫んでいる。べつの店員は若い女性をからかっていた。いきなりメアリー・ジェーンの頭のうえをカニがとんだ。「カニが六ぴき、モンタナへとんでった」と、だれかがどなった。「カニが六ぴき、モンタナへとんでった」と、みんなが復唱する。毛糸の帽子をかぶった店員が、レジのうしろで踊っている。まわり中で、秩序ある混乱ともいうべき光景がくりひろげられていた。乗り物がいっぱいある遊園地のようだが、もっと楽しい。だがそばにいる店員は気が散っている様子はない。愛想よく、おだやかに彼女の答えを待っている。あらまあ、この人ほんとにわたしの答えに興味をもってるみたい。でも見ず知らずの人に、仕事のトラブルのことなんか話すわけにいかないわ。そう思いつつ、話してしまった。

ロニーというその店員は、三階の状況を注意深くきいてくれた。とんできた魚がロープにあたってふたりのすぐそばに落ちたときも、身じろぎもしなかった。そして部下たちのさまざまな問題について彼女が語るのを、熱心にきいていた。話が終わると、メアリー・ジェーンは彼にきいた。「うちのごみ溜めのことを、どう思う？」

「なかなか大変だな。ぼくもずいぶんひどいところで働いた経験があるけど。実をいうと、ここも最初はひどかったんだ。いまはこの市場を見て何に気づく？」

「音と動きと活気」間髪をいれずに答えた。

「活気があるのってどう？」

「いいわ。ほんとにすばらしい」

「ぼくもそう思う。すっかり味をしめたね。これを経験したあとでは、もうふつうの市場では働けない。でもさっき言ったように、ここも最初はこうじゃなかった。やっぱり何年もごみ溜めみたいだったんだ。そこでみんなでそれを変えようときめた。その結果がこれだ。こういうエネルギーがあったら、きみのオフィスも変わると思う?」

「もちろんよ。ごみ溜めにはまさにそれが必要なのよ」彼女はほほえみながら言った。

「よかったら何がこの魚市場をきわだたせているのかを、教えるよ。もしかしたらそこから何かヒントが得られるかもしれない」

「でもわたしたちには投げるものがないわ。あるのはつまらない仕事だけ。みんな……」

「ちょっと待って。魚を投げるだけのことじゃないんだ。もちろんきみの仕事はこれとはちがう。どうやら難問をかかえこんでいるようだね。手を貸してあげたい。ここが世界に名だたるパイク・プレイス魚市場に成長するまでにぼくらが学んだ方法を、きみなりのやりかたで応用してみたらどうだろう? 活気あふれる部署ができる可能性があるなら、その方法を学ぶのも無駄じゃないよね?」

「もちろん。でもどうしてそんなことをしてくれるの?」

「この小さな魚市場にかかわって、きみがいま見ているようなことを経験することで、人生が大きく変わった。私生活のくわしい話をしてきみを退屈させるつもりはないけど、この仕事をはじめたときは、めちゃくちゃな人生を送っていた。ここで働くことで、文字どおり救われたんだ。きざなようだけど、幸せな人生を手に入れられたことへの感謝の気持ちを、なんらかの方法であらわしたい。きみが悩みを打ちあけてくれたおかげで、それができそうだ。求めている答えのいくつかが、ここで得られると思う。ぼくたちはすごいエネルギーをつくりだしているんだから」そう言ったとたん、そばをカニがとんでいき、だれかがテキサスなまりでどなった。「カニが五ひき、ウイスコンシンへとんでった」何人もの声が復唱した。

「わかったわ」メアリー・ジェーンは声をあげて笑った。「とにかくこの魚市場に活気があることは確かだから。じゃあ、そうしましょう」腕時計を見て、急いで歩かないと昼休みが終わるまでに会社にもどれないことに気づいた。彼女が会社にきたときと出たときの時間を、スタッフはチェックしているにちがいない。

ロニーはメアリー・ジェーンの視線に気づいて言った。「じゃ、あすの昼休みにまたきたらいい。ヨーグルトをふたつもって」

彼は向こうへいき、すぐにミネソタ・ヴァイキングスのジャケットを着た若者に、コパー川産サーモンとキングサーモンのちがいを説明しはじめた。

再訪

火曜日の昼休み、メアリー・ジェーンは足早にファースト・ストリートを歩いて市場へいった。ロニーは彼女がくるのを待っていたらしく、すぐに人ごみのなかからあらわれ、彼女といっしょにTシャツ売り場をとおりすぎて、傾斜路をくだっていった。

「ホールのはしにテーブルがあるんだ」ロニーはそう言って、四方がガラスばりになった小さな部屋へ彼女を導いた。そこからは港とピュージェット湾のすばらしいながめが楽しめる。ロニーはベーグルとメアリー・ジェーンがもってきたヨーグルトを食べ、そのあいだにメアリー・ジェーンはヨーグルトを食べながら魚市場のことをいろいろきいた。市場での一日についてロニーが話すのをきいたかぎりでは、魚を売る仕事がそう楽しいとは思えなかった。それを考えると、パイク・プレイス魚市場で働く人たちがあんなに楽しそうにしていることが、いっそうすばらしいことに思えた。

「あなたの仕事とわたしの仕事には、思ったより共通点が多いみたい」ロニーが毎日の単調な仕事について話したあと、メアリー・ジェーンは言った。

ロニーは顔をあげた。「本当?」

「そうよ。わたしのスタッフの仕事は、同じことのくりかえしでつまらないことばかり。でも重要な仕事なの。わたしたちは顧客の顔を見ることはないけど、もし間違いがあると顧客は怒る。で、わたしたちが批判されるの。でも仕事をちゃんとやっても、だれも気づかない。ともかく、退屈な仕事なの。でもあなたたちは退屈な仕事をおもしろくやる方法を見つけたわけでしょう。すごいと思うわ」

「どんな仕事でもそれをやる人にとっては退屈だってことを考えたことある? あのヨーグルトおじさんのなかには、仕事で世界中を旅行する人もいる。すごく楽しそうだと思うけど、彼らに言わせると、すぐに飽きてしまうそうだ。条件しだいでは、どんな仕事でもつまらなくなるんだね」

「たしかにそうね。十代のころ、若い女の子があこがれるような仕事をしたことがあるの。モデルの仕事よ。でも一カ月もするとすっかり退屈してしまった。ぼうっと立って待ってるだけなんですもの。ニュースキャスターも同じよ。たいていほかの人が書いた原稿を読むだけなんですって。そんなのつまらない……すくなくともわたしにとっては」

「オーケー。どんな仕事でも場合によっては退屈になるなら、逆にどんな仕事でも情熱をもっていきいきとやることもできる。そうだね？」

「よくわからないわ。例をあげてくれる？」

「いいよ。市場のなかを歩きまわって、ほかの魚屋を見てごらん。活気なんかないから。きみの言葉を借りると、ごみ溜め状態なんだ。やつらがあんな商売のやりかたをしてるのは、われわれにとっては好都合なんだけどね。この前言ったように、パイク・プレイス魚市場も昔はあんなふうだった。でもぼくらはすごいことに気づいたんだ。仕事そのものは選べなくても、どんなふうに仕事をするかは自分で選べることに。世界に知られたパイク

・プレイス魚市場をつくりあげるのに、いちばん役に立った教訓はそれだ。どんな態度で仕事をするかは、自分で決められるってこと」

態度を選ぶ

メアリー・ジェーンは手帳をだして、メモしはじめた。

仕事そのものは選べなくても、どんなふうに仕事をするかは自分で選べる。

彼女は自分がいま書いたことについて考えてから、たずねた。「なぜ仕事そのものは選べないの？」

「いい質問だ。仕事はいつでもやめられるから、その意味ではどんな仕事をするか選ぶことができる。でも与えられた責任やほかの要素を考えると、仕事をやめるのはあまり賢明ではないかもしれない。選べないというのはそういう意味だ。一方、どんな態度で仕事をするかは、いつだって選べる」

ロニーはつづけた。「ぼくの祖母のことを話そうか。彼女はどんな仕事にもほほえみと愛情をもちこんだ。ぼくたち孫は、キッチンで手伝うのが大好きだった。おばあちゃんといっしょに皿を洗うのは、すごく楽しかったからね。手伝っているあいだに、いろんな知恵を授けてもらった。子供たちは、本当に貴重なものを与えられた。心から自分のことを思ってくれる大人を。

いま思うと、おばあちゃんは皿洗いが好きだったわけじゃない。でも皿洗いに愛情をもちこんで、その気持ちがぼくらに伝わったんだ。

同じように、毎日魚市場へくるときに、各自がある態度をもちこむことにぼくたちは気づいた。不機嫌な態度をもちこんで、憂うつな一日をすごすこともできる。ふてくされてやってきて、仲間やお客にいやな思いをさせることもできる。あるいは明るいほがらかな顔であらわれて、一日を楽しくすごすこともできる。どんな一日を送るかは、自分で選べるんだ。それについてみんなでさんざん話しあって、どうせ仕事にくるなら、できるだけ楽しくすごしたほうがいいと気づいた。もっともだろう？」

「ほんとにそのとおりだわ」

「ぼくたちはその選択についてすっかり興奮して、ついでに世界中で有名になろうと決めた。世界に名をとどろかせるような一日をすごすほうが、平凡な一日をすごすよりずっと楽しいからね。ぼくの言ってることわかる？　魚市場の仕事は寒くて、びしょびしょで、くさくて、汚くて、やりにくい。でもその仕事をするあいだにどんな態度をとるかは選択できる」

「そうね、わかってきたわ。毎日どんな態度で仕事にくるかを選ぶ。その選択によって、どんなふうに仕事をするかが決まる。どうせ仕事をするなら、平凡で終わるより世界的に有名になるほうを選ぶ。とても簡単なことに思えるわ」

「理解するのは簡単でも、実行するのはそうたやすくはない。ぼくたちは一晩でここをつくりあげたわけじゃない。一年近くかかった。ぼく自身、すごく扱いにくい人間だった。

不満だらけでね。私生活もめちゃくちゃだった。でも気にしたこともなかった。人生ってものがわかってるつもりだった。人生はひとすじなわではいかないものだから、こっちもタフでなきゃと思ってた。これまでとはちがう魚市場をつくろうという話になったとき、毎日をどうすごすか自分で決められるという考えに抵抗した。自分が被害者だと思ってるほうが楽だったんだ。年上の仲間がぼくをわきへ呼んでね。やはりいろいろつらい経験をしてきたやつだったけど、そいつが魚を売るもの同士のよしみで、じっくり説明してくれた。ぼくも反省して、やってみることにした。それでそのすばらしさがわかった。人は自分のとる態度を選べる。自分がそうしたから、それがわかる」

メアリー・ジェーンはロニーの話と、それを話している彼自身にも感銘を受けた。顔をあげるとロニーがふしぎそうに見ている。彼女はぼうっとしていたらしい。「ごめんなさい。やってみるわ。ここがうまくいっている理由が、ほかにもある？」

「四つの要素があるけど、いちばんのポイントはいま言ったことだ。態度を選ぶことをしないと、それ以外のことは時間の無駄だ。今日はここまでにして、残りの三つはまた今度にしよう。最初の要素を三階にどう応用できるか、考えてごらん。ほかの要素を話しあう準備ができたら、電話してくれ。番号はわかる？」

「あらゆるところに書いてあるじゃない」

「そうだったね。ぼくたちは控えめな人間じゃないんだ。また会おう。ヨーグルト、ごちそうさま」

変える勇気

その後の二日間、メアリー・ジェーンは仕事に追われて、忙しくすごしていた。すくなくとも、それが言い訳だった。けれどもロニーとの会話と、仕事にもちこむ態度を選ぶという考えは、くりかえし頭にうかんだ。魚市場の哲学はもっともだと思ったが、まだ完全になっとくできていないことに気づいた。迷いがあるときは、もっと情報を得ることだわ、と思った。

金曜日に、ビルのボスが出席したという、職場の精神についての会議のことをビルにきいてみることにした。ボスの経験についてもっときいておくのが賢明だろう。その日の午後、ビルに電話した。

「ビル、あなたのボスが出席したという、職場の精神についての会議のことを知るには、どうすればいいかしら?」

「どうしてそんなことが知りたいんだ? いわゆる〝ニューエイジ〟の話だよ。みんなで熱いふろにでもつかってたんじゃないのか。なぜわざわざそんなことに時間を使うんだ?」

メアリー・ジェーンは怒りがこみあげた。深く息を吸って言う。「ねえ、ビル、わたしがこの仕事を引き受けたとき、やるべき課題がいっぱいあることがお互いにわかっていたでしょう。いまじゃクリアすべき壁は高くなって、時間は短くなっている。あなたもわたしと同じぐらい深くこの件にかかわってるのよ。協力してくれるつもり、それとも邪魔しようというの?」

なんてことを言ったのだろう、と彼女は思った。でも胸がすっとしたわ！

ビルは平静に答えた。けんか腰に言われて、かえって落ち着いたようだ。「わかった、わかった。そんなに興奮するなよ。その会議のテープはわたしのデスクにおいてある。きかなきゃいけないんだが、時間がなくてね。きみがきいて、内容を教えてくれるか？」

「いいわよ、ビル。あとでとりにいくわ」

帰り道

ベルヴューまでの道は渋滞していたが、メアリー・ジェーンは気にならなかった。自分の状況について考えていた。いつ自信をなくしてしまったのだろう？　思ったことをはっきりビルに言うような勇気あることをしたのは、久しぶりだ。正確にいうと、二年ぶりだわ。ようやくばらばらの思考をひとつにまとめて、意識にのぼらせた。考えなければならないことが多すぎる。圧倒されるような思いで、ビルに借りたテープをカセットプレーヤーにいれた。

カーステレオのスピーカーから、ひきこまれるような朗々たる太い声がきこえてきた。そのテープは、ある詩人の詩を録音したものだった。彼は日々の問題に対処する際に詩の言葉が役に立つと考えて、自分の詩を仕事場へもっていくという。デイヴィッド・ホワイトというその詩人は、しばらく話をしてから詩を朗読した。彼の詩と話は心にしみ、彼女は一心に耳をかたむけた。

働き手であるわれわれと組織が求めるものは同じだ。創造性、情熱、柔軟性、誠意……

そのとおりだわ、と彼女は思った。

夏、会社の駐車場にとめた車の窓をすこしあけておく。座席の布張りを熱から守るためではなく、会社へいくのはあなたの六十パーセントだけで、残りは車に残って一日中そこで呼吸しなければならないからだ。自分のすべてを仕事場へもっていったらどうだろう？

この人はいったいだれ？　やがてデイヴィッド・ホワイトが「信頼」という自作の詩を朗読するのをきいて、いきなり胸がいっぱいになった。これを書いたのは自分への信頼を失っていたときだ、と彼は朗読する前に言った。

信　頼

——デイヴィッド・ホワイト

私は信じることについて書きたい

夜ごと、冷たい雪のうえに
のぼる月のことを

満月はしだいに欠けていくが、それでも信頼を失わない
ゆっくりと細い弓のような三日月になり
ついには闇がおとずれても
しかし私は自分を信じることができない
それが心に入りこむのを許さない

この小さな詩が
ほっそりした新月のように
自分を信頼へと導く最初の祈りになることを期待しよう

なるほど、「生徒の準備ができたときに先生があらわれる」とは、こういうことだったのか。この詩のおかげで自分を見つめることができ、ようやく自分をひきとめていたものが何かわかった。ダンの急死により、ひとりで子供を育てていかねばならないというプレッシャーがかかり、自分の生きる力への信頼をなくしていた。もしリスクをおかして失敗したら、自分と子供たちを養えなくなるとおそれていたのだ。

オフィスに率先して変化をもたらすことは、リスクをともなう。失敗したら職を失うかもしれない。その可能性は大いにある。だが変えないことにもリスクがある。もしわたしたちが変わらなかったら、全員が職を失うかもしれない。それだけではない。活気も活力もないようなところで働きたくない。そんな場所で働きつづければ、自分がどうなるかわかる。考えるとぞっとする。そうなったら、わたしはどんな母親になるだろう？　どんな手本を示すことになるのか？　もし月曜日から変化をおこしはじめるのなら、まず自分の態度を変えなければ。自分を信頼しよう。どんなことがおきても大丈夫だと信じよう。

わたしはそう簡単にへこたれない。それは証明ずみだ。どんなことがおきても平気だ。

ごみ溜めを掃除するときがきた。仕事によい影響をおよぼすからだけではない。むろん、仕事にも大いに利益をもたらすだろうが。その問題を解決するようにたのまれたからでもない。それも大事な理由だが、それは外的なものだ。前進したいと思ういちばん大きな理由は、内側からのものだ。わたしは自分への信頼をとりもどしたい。この問題にとりくむことは、そのために役立つだろう。

テープできいた言葉を思いだした。「会社は必ずしも牢獄ではない。だがそこでの仕事のやりかたいかんによっては、牢獄になる。私は自分で牢獄をつくってしまった。自分への信頼の欠如が、牢獄の壁だ」

牢獄のたとえにはききおぼえがあった。どこかのセミナーできいたような気がする。保育所へつくと、すぐに車をとめて日記をとりだし、書きはじめた。

…………………………………………………………………

人生は短いのだから、わずかな時間でもごみ溜めですごすのはもったいない。ましておきている時間の半分をそんなところですごしたくない。そんな人生はいやだ。選択の余地があるとわかれば、みんなもそう思うだろう。

うちの部署の雰囲気は、何年も前からこんなふうだった。それを変えるには、個人的なリスクをおかさねばならない。成功するという保証はない。だがこれは喜ぶべきことかもしれない。最近のできごとのためにわたしは自信を失っている。必要なリスクをおかすことで、自信をとりもどせるかもしれない。何もしないことのリスクのほうが、行動することのリスクよりおそらく大きいのだから。

わたしのファイルのどこかに、いままさに必要なメッセージを含んだ資料があるはずだ。それを見つけなければ。いまはどんな助けでもほしいのだから。

それだけ書くと車をおりて、娘を迎えにいった。

「ママ、ママ。おめめがぬれてるよ。泣いてたの？　どうしたの、ママ？」

「そう、泣いてたの。でも悲しいからじゃないのよ。今日はどんなことをしたの？」

「家族の絵をかいたの。見たい？」

「もちろんよ」うつむくと、娘がかいた四人の姿が目に入った。「あらまあ」彼女は息をついた。これも自信がゆらがないかどうかのテストね。

「荷物をとってらっしゃい。ブラッドを迎えにいかなきゃ」

日曜の午後

日曜の午後はママの時間だった。メアリー・ジェーンはいつも日曜日にすくなくとも二時間、ベビーシッターをたのんでいる。それは自分へのちょっとしたごほうびだった。それによって元気が回復し、仕事や家族の問題に立ち向かう力がわいてくる。その時間は心の糧になるようなものや面白い小説を読んだり、自転車にのったり、コーヒーをのんでくつろいだりする。シアトルにはコーヒーショップがたくさんある。家から三ブロックほどのところにもいい店があった。メアリー・ジェーンは本を何冊かもって、家を出た。店のすみのお気に入りのテーブルが彼女を待っていた。

「無脂肪のカフェラテのグランデサイズをおねがい」彼女はコーヒーを片手にテーブルにつき、まず心を豊かにするものを読もうときめた。サラ・バン・ブラナックの『シンプルな豊かさ』をとりだす。ぼろぼろになるまで読みこんだこの本には、毎日読めるように三百六十五日分の文章がのっている。二月八日のページをあけた。大事な言葉が目にとびこんできた。

ほとんどの人は、自分を芸術家と考えることにためらいを感じます……でもわたしたちはみな芸術家です……毎日さまざまな選択をすることによって、自分だけのユニークな芸術作品をつくっています。自分でなければできない何かを……わたしたちが生まれたのは、消すことのできない自分自身の足跡をこの世に残すためです。

それが本物のあなたです……自分の創造的な衝動を大事になさい……自信をもって

歩みなさい……あなたの選択は、あなた自身と同じように確かなものです。あなたの人生はすばらしいもの――感謝に満ちあふれた喜びのソネットであることがわかるでしょう。

メアリー・ジェーンは仕事のこともすこし考えるつもりだった。選択や自信という言葉を見ると、魚市場のことを思いだした。あの人たちは芸術家だわ、と思った。一日一日をつくりあげるために、選択しているのだ。そこで思いがけない考えがうかんだ。わたしだって芸術家になれるわ。

それから、以前出席したことのあるリーダーシップ・セミナーのファイルをとりだした。牢獄が仕事場の比喩として使われるのをはじめてきいたのは、ここでだった。ファイルのなかにはジョン・ガードナーによって書かれたスピーチの、色あせたコピーが入っていた。自分の原稿をコピーするようにガードナーがみんなにすすめていたことを思いだした。心の広い人にちがいない。こんなに時間がたっているのにおぼえているなんて、よほど印象的なことを言ったのだろう。ページをくりながらそれをさがした。

ジョン・ガードナーの話

その一節はこのようにはじまっていた。

なぜ盛りをすぎて衰えてしまう人と、最後まで活力に満ちた人がいるのかという疑問があります。衰えるというのは、あまりにもばくぜんとした表現かもしれません。多くの人は人生のどこかで、学び成長するのをやめてしまうと言ったほうがいいかもしれません。

メアリー・ジェーンは顔をあげて思った。わたしのグループにあてはまる言葉だわ。以前のわたしにもあてはまる。〝以前のわたし〟という言いかたにこめられた決意にほほえんで、またスピーチにもどった。

その理由を考えるときには、思いやりが必要です。解決できないような難問を人生によって与えられたのかもしれない。何らかのできごとにより、自信や自尊心に大きなダメージを受けたことも考えられる……あるいは長いこと懸命に走りつづけたので、何のために走っているのか忘れてしまったのかもしれない。

私が言っているのは、どんなに忙しそうに見えても、学び成長することをやめてしまった人たちのことです。彼らをあざ笑おうとは思いません。人生はつらいものです。ときには生きていくだけでも、勇気のいることです……

仕事の場にいる大多数の男女は、自分で思っている以上に生気がなく、認めはしないけれど退屈しきっています……

ある有名なフランスの作家がこう言っています。「人生のある時点で、時計がとまってしまう人たちがいる」私はたくさんの人生を見てきました。ヨギ・ベラが言うように、「見ることでいろいろなことがわかります」たいていの人は、人生のどの時期でも学び成長することに喜びを感じると確信しています。もし盛りをすぎておとろえる兆候があるなら、それを防ぐ手だてをこうじればいい。時計のネジがゆるんだら、巻きなおせばいいのです。

私はあなたについて、あなた自身も知らないことを知っています。あなたのなかにはいまだ使ったことのないエネルギーと、生かしたことのない才能、ためされたことのない力、そして与えたことのない与えるべきものが秘められているのです。

ジョン・ガードナーのことをおぼえていたのも当然だわ。ネジを巻かなきゃいけない時計がいっぱいあるけど、まず自分のネジを巻かなければ、とメアリー・ジェーンは思った。

それからの一時間、彼女は考えたことを日記に書き、心が安らかになったことに気づいてうれしくなった。家へ帰るしたくをしながら書いたものを見直し、月曜の朝にやろうとしていることの指針となる個所を丸でかこんだ。

ごみ溜めの問題を解決するためには、あらゆる意味でわたしがリーダーにならなければならない。失敗のリスクも負わねばならない。安全な場所などない。でも行動をおこさなければ確実に失敗する。それならいまはじめたほうがいい。第一のステップは、自分の態度をきめることだ。わたしは自信と信頼を選ぶ。自分の時計のネジを巻きなおし、学び成長する準備をしよう。そして魚市場で得た教訓を、ごみ溜めに応用してみよう。

月曜の朝

午前五時半。メアリー・ジェーンは後ろめたさを感じつつ、娘の保育所の前でドアがあくのを待っていた。めったにないことだが、こういう特別な日にはブラッドもいっしょに保育所へいき、あとでスクールバスで学校へいく。眠そうな目をした子供たちを見て言った。「こんなに早くおきてもらうことは、めったにないからね。今日は大事なプロジェクトの準備をするために、早く会社へいかなきゃならないの」

ブラッドは目をこすりながら言った。「かまわないよ、ママ」ステイシーも声をはりあげた。「そうよ、いちばんにくるのは楽しいわ。好きなビデオゲームをえらべるもん」

ドアがあくと、メアリー・ジェーンはふたりをあずけて、それぞれをぎゅっと抱きしめた。ふりかえると、ふたりとももう遊びに夢中になっていた。

道路はすいており、五時五十五分には熱いコーヒーとノートを手に、デスクの前にすわっていた。ペンをとりだし、大きな字で書いた。

態度を選ぶ

方法

・ミーティングをひらき、心をこめて話をする。
・態度を選ぶという概念を、みんなが理解し、自分の問題として考えることができるように伝える。
・動機づけをする。
・信念をもってやりとおす。

さてこれからが大変だ。三階のスタッフにどう言えばいいだろう？　メアリー・ジェーンは思いつくままに書きはじめた。

月曜日の朝、スタッフはふたつに分かれて交替でミーティングをおこなう。片方のグループが会議室でメアリー・ジェーンと話をするあいだ、もう一方のグループが電話の番をする。そして終わると交替する。最初のグループが集まると、メアリー・ジェーンは家族の活動についての話や、月曜の朝につきものの不平や不満に耳をかたむけた。みんないい人たちなんだわ、と思った。みんなが話をやめて彼女に注意を向けると、動悸が早くなった。いよいよはじめなきゃ。

メアリー・ジェーンの話

「今日は大事な問題について話しあいたいの。何週間か前にうちの幹部がある会議に出席して、ファースト・ギャランティーはもっと活気のある、熱意にあふれた会社にならなければいけないと痛感してもどってきました。高い生産性、優秀な人材の確保、長期にわたる会社への忠誠、顧客を満足させるサービス、その他変化し再編がすすむこの業界で競争していくために必要なさまざまな特質を生むのは、活気と熱意である、と彼は確信しているの。彼は幹部会議をひらき、そこで三階のことを〝ごみ溜め〟と呼びました。そうです、うちのフロアのことをごみ溜めと呼び、大掃除が必要だと言ったのです」

メアリー・ジェーンはみんなの仰天した顔をながめた。古参の社員であるアダムがすぐに発言した。「その連中がこの仕事をするのを見てみたいね。こんな退屈な仕事はないんだから」

つぎに、もっとも活気に乏しい社員が言った。「活気があろうがなかろうが関係ないじゃないか。仕事はちゃんとやってるんだから」

自分たちの部署がごみ溜めであるという非難に、反論するものはいなかった。

メアリー・ジェーンはつづけた。「この問題はなくならないということを、わかっていただきたいの。上司はそのことに興味を失うかもしれないし、ビルも時間がたてば忘れてしまうかもしれない。でもわたしはぜったいに忘れません。というのは、わたしも同感だから。この部署はごみ溜めです。会社のほかの部署は、わたしたちと仕事をするのをいやがっているわ。三階のことを〝穴ぐら〟とも呼んでいる。昼休みにはそのことで冗談を言いかわす。廊下でもわたしたちのことを笑っている。それも無理はないわ。わたしたち自身、ここへくるのがいやで、ここを穴ぐらと呼んでいる。でもその状況は変えられるし、変えるべきだと思います。その理由を知っていただきたいの」

びっくりした顔は、呆然とした表情に変わった。部屋は静まりかえっている。

「わたしのことはみなさんご存知でしょう。ダンとわたしが希望と夢とふたりの子供をかかえて、この町へきたことを。ダンの突然の死で、わたしがひとりぼっちになってしまったことも。大きな出費はダンの保険でもまかなえないので、わたしは経済的に苦境におちいったの。

みなさんが知らないのは、それがわたしにどんな影響を与えたかということ。みなさんのなかにも、ひとりで子供を育てている方がいるから、わたしの言っていることがわかるでしょう。どうしてもこの仕事が必要だったので、自信を失ってしまったの。流れに身をまかせて、自分の立場をおびやかすようなことは一切しなかった。ところが皮肉なことに、いまわたしの立場はおびやかされていて、それは流れに身をまかせたせいかもしれない。でもこれからはちがう。

言いたいのはこういうことなの。わたしはいまでもこの仕事を必要としている。でもこれから引退するまでの人生を、ごみ溜めですごしたくはない。ダンが残してくれた教訓を、これまで生かしていなかった。退職するまでの日々をただ漫然とすごすには、人生はあまりに貴重だという教訓よ。仕事についやす時間は長いので、それを無駄にするのはもったいないわ。ここをもっと楽しい仕事場にすることができると思うの。

さて、よい知らせがひとつあります。世界的に有名な組織で働くコンサルタントで、エネルギーのことにくわしい人を知っているの。いずれみなさんも会うことになるでしょう。今日は彼の最初のアドバイスを伝えます。わたしたちは自分の態度を選ぶことができる」

メアリー・ジェーンは、態度を選ぶという概念について話をつづけた。それから、何か質問がないかたずねた。

スティーヴが手をあげた。メアリー・ジェーンがうなずくと、彼は言った。「車を運転していて、だれかが行く手をさえぎったとする。こっちは腹がたって警笛をならすか、その、下品な身ぶりをするかもしれない。その場合、選ぶも何もないじゃないか。ぼくがやったんじゃない。やられたんだ。選択の余地はなかった」

「ひとつききたいんだけどね、スティーヴ。もしそこが町のぶっそうな地域だったら、そんなことができる？」

スティーヴはにやっとした。「とんでもない。そんなことしたらやられちゃうよ」

「つまりぶっそうな地域ではどんな反応をするか選べるわけでしょう。それなのに郊外ではそれができないの？」

「わかったよ、メアリー・ジェーン。きみの言うことわかった」

「いまのすごくいい質問よ、スティーヴ。ほかの人がどんなふうに運転するかはコントロールできないけど、それにどう反応するかは選べる。同じように、この会社でどんな仕事をするかは選べないけど、どんなふうにそれをするかは選べる。そのことを示す具体例と、自分が選べることを忘れないようにするためにできることを、考えてほしいの。幸運を祈るわ。わたしたちがオフィスでどんな毎日を送るかは、それにかかっているんだから」

二回目のスタッフ・ミーティングも、一回目と同じようにすすんだ。質問が出なかったので、一回目のときのスティーヴの質問を使った。月曜の午前十時半、メアリー・ジェーンはミーティングで疲れきっていたが、これが自分の態度を選ぶ最初の機会であることに気づいた。そしてそれを実行した。

一週間はあっというまにすぎた。メアリー・ジェーンは態度を選ぶことについてみんなが話をしやすいように、毎日オフィスのなかを歩きまわった。スティーヴは彼女を見ると言った。「ミーティングではすっかりやられてしまったな」

「きまり悪い思いをさせてごめんなさい」

「それどころかメアリー・ジェーン、とてもありがたく思ってる。最近、反発することがいろいろあってね。あなたのおかげで自分が大事な選択をしないといけないこと、ほんのすこしの自制心と勇気があればそれができることに気づいた」

「勇気?」

「実は恋人との仲がうまくいっていないんだ。なんとかしないといけない。反発したり、被害者意識をもったりするだけでは、問題は解決しないことがわかった。問題と向きあわなきゃいけないってことがね。あいまいな言いかたで悪いけど、プライベートなことなので」

「うまくいくといいわね、スティーヴ。わたしを信頼して話してくれてありがとう」

「みんなあなたを信頼してるよ、メアリー・ジェーン。ただ仕事があまりに退屈で、文句ばかり耳に入ってくるもんで。いつも攻撃されてるような気分なんだ。でもあきらめないでやってくれ。全面的に協力するよ」

メアリー・ジェーンは励ましの言葉に驚くと同時に、喜んだ。スタッフの人たちは細かい点についてはわからないようだったが、もっと快適な仕事の環境をつくることには賛成だった。

そして金曜日にそれがおこった。三階でエレベーターをおりると、大きなポスターが目の前にあった。いちばん上に〈態度を選びましょう〉とあり、まんなかには〈本日のメニュー〉と書かれている。その下には二つの絵があった。一つはにこにこ顔、もう一つはしかめっ面だ。メアリー・ジェーンは有頂天になった。わかってくれたんだわ！　自分の部屋にかけこんで、ロニーに電話した。

メニューのことを彼に話してから、こないだの話のつづきをしようと提案した。月曜のお昼はどうかとロニーは言ったが、メアリー・ジェーンは来週まで待ちたくなかった。そこで土曜日に、子供たちをつれて市場へいくことにした。

土曜日の魚市場

土曜日には市場はいつも込んでいるので、早くきたほうがいいとロニーは言った。メアリー・ジェーンが軽率にも、いちばん早い時間は何時ときくと、仕事は五時からはじめている、とロニーは言った。結局八時に会うことにした。

ブラッドとステイシーは眠そうな顔で車にのったが、シアトルに入って駐車場を見つけるころには、すっかりやる気になっていた。ふたりはひっきりなしに質問した。「どこで魚をつかまえるの？　大きな魚？　サメもいるの？　ほかにも子供がいる？」

三人はパイク・プレイスを歩いて市場へ向かった。メアリー・ジェーンはあたりが静かなのに驚いた。ロニーが魚売り場のそばに立っているのが、すぐ目に入った。彼女は売り場がきちんと整えられていることに感心した。魚やほかのシーフードが氷の上にならべられ、札にそれらの名前と値段と特徴が表示されている。台の上に、氷がしかれているだけで何ものっていない一角があった。

「おはよう」ロニーがいつもの笑顔で迎えてくれた。「このふたりの魚屋さんはだれかな？」

メアリー・ジェーンは子供たちを紹介した。ロニーは二人を歓迎し、そろそろ仕事をはじめようかと言った。メアリー・ジェーンがハンドバッグからノートをとりだそうとすると、彼はそれを押しとどめた。「いや、そういう仕事じゃない。きみたち三人に、魚をならべるのを手伝ってほしいんだ」

「やったあ」と、ブラッドが言った。

「きみたちの足にあう長靴はなかったけど、エプロンは三枚見つかった。さあ、これをつけて。魚をならべよう」

ステイシーはとまどったような顔をしている。メアリー・ジェーンは彼女を抱きしめた。ロニーはブラッドを店の裏にある魚の倉庫につれていった。そのあいだメアリー・ジェーンはステイシーが退屈しないように、いろんな売り場のあいだを歩いてまわった。十五分ぐらいすると、ロニーとブラッドが魚をいっぱいのせた大きなカートを押しながら戻ってきた。もっと正確にいうと、ロニーがカートを押し、ブラッドはかろうじて足が地面につくという状態で、とってにぶらさがっていた。

遊び

「ママ、すごいんだぜ！　くらくらしちゃうよ。百万びきぐらい魚があるんだ。そうだよね、ロニー？　ぼくも手伝ったんだよ」ロニーはにっこり笑ってうなずいたが、いかにも忙しそうなふりをした。「店をあけられるように、魚を氷に詰めなきゃ。いいかい、相棒、手を貸してくれるね？」

ブラッドは大喜びだった。ロニーがマグロをもちあげるのを手伝い、ロニーがそれを氷に詰めて、きちんとならべられた魚の列に加える。マグロはブラッドと変わらないぐらいの大きさがあり、メアリー・ジェーンはカメラをもってこなかったことを悔やんだ。ロニーがブラッドを相手に仕事をする様子は見ものだった。ときどきロニーはブラッドをだまし、魚にかまれたふりをしたり、ブラッドを笑わせるようなことをした。あと二ひき分のスペースしかなくなると、ロニーは仕事をブラッドにまかせ、もちあげるときだけさりげなく手を貸した。もしそのときブラッドにヒーローを選ばせたら、まちがいなくロニーを選んだだろう。「今度はお母さんが仕事をする番だ。ノートをだして、メアリー・ジェーン。活気に満ちた仕事場に必要な二番目の要素を、ブラッドが教えてくれるよ」

「ブラッドが?」

「そうとも。自分の態度を選ぶ魚屋が選んだ第二の要素は、子供ならだれでも知っていることだ。年をとってまじめになるにつれて、その重要性を忘れてしまうんだ。ブラッド、休み時間に何をするか、お母さんに教えてあげなさい」

ブラッドは、彼を陳列台のはしに押しつけているマグロごしに彼女を見て、「遊ぶ」と、言った。

メアリー・ジェーンは日記帳をひらいて、「遊ぶこと」と、書きいれた。最初の日にここで見た光景が目にうかんだ。あれは子供にかえった大人が、休み時間に運動場で遊んでいる場面だった。魚を投げ、仲間同士やお客とふざけあい、大声で注文を言い、みんなでそれを復唱する。あたりは活気に満ちていた。

「誤解しないでほしいんだが」と、ロニーが言った。「ここでやってるのは本物の商売だから、利益をあげるのが目的だ。給料もいいし、みんな真剣に仕事をする。でも真剣に仕事をしながらも、やりかたしだいで楽しめることもわかった。かたくるしくならずに、自然体でやるわけだ。お客は余興だと思ってるかもしれないけど、実は成人した子供が楽しんでるだけの話だ。ただし丁重にそれをやってる。

それによって得られるものは多い。魚はよく売れる。やめていく者はすくない。本来ならつまらない仕事を楽しんでできる。お互いに仲良くなる。勝利チームのメンバーのようにね。自分たちのやってることとそのやりかたに、誇りをもってる。それに世界的に有名になった。すべてブラッドが何も考えずにやってることからきている。ぼくらは遊びかたを知っているんだ！」

ブラッドが言った。「ねえ、ママ、いっしょに仕事をしてる人たちをロニーのところにつれてくれば？ そうすれば遊びかたを教えてもらえるよ」

人を喜ばせる

突然、だれかがメアリー・ジェーンに声をかけた。「そこのレポーターさん、魚を買わないか?」ロニーの仲間のひとりがそばにやってきた。手には大きな魚の頭をもっている。「まけとくよ。ちょっと欠けてる部分があるけど、お買い得だよ」彼は魚の口を動かして、笑っているような顔をつくった。「これ、笑うスシっていうんだ。たったの一セント」そう言うとおどけた笑顔をうかべて彼女を見た。

ロニーも笑っており、むろんブラッドはそれをもちたがった。ステイシーは母親の脚のうしろに隠れている。メアリー・ジェーンは一セント玉をとりだして、〝ウルフ〟というあだ名のその店員にわたしした。彼がなぜウルフと呼ばれているのかきく必要はなかった。髪はぼさぼさで、獲物を追跡するようにぬけめなくあたりに気をくばっている。しかしこのオオカミはあきらかに飼いならされており、もしそんなことがありうるなら、おじいさんのような雰囲気をただよわせていた。ウルフは笑うスシを袋にいれてブラッドにわたした。ブラッドはにこにこしている。内気なステイシーもはじめて声をあげ、あたしもほしいと言った。ウルフはあと二つもってきた。これで三人とも笑うスシを手に入れることができた。

ロニーが言った。「ありがとう、ウルフ。エネルギーに満ちあふれた、世界的に有名な市場をつくるために必要な、三番目の要素をいま見せてくれたね」

「そうなの？」

「最初と二回目にここへきたときのことを思いだしてごらん、メアリー・ジェーン。いちばん印象に残ってるのは何だい？」

「はたちぐらいの、赤毛の若い女性のことをおぼえてるわ。彼女、台にのって魚を受けとめようとした。もちろん魚はつるつるすべるから二回失敗したけど。でもすごく楽しそうだった」

「なぜそれがそんなに印象的だったの？」

「彼女がすごくいきいきしてたから。見物している人たちにも、それが伝わったわ。みんな自分が彼女のかわりに、台の上にいるような気分だった」

「ブラッドは今日あったことのうち、何をおぼえていると思う？」

「大人の仕事をやったこと。魚の倉庫にいって、あなたといっしょに仕事をしたこと」

「そのことを、人を喜ばせるってぼくらは言ってる。なるべくたくさんいい思い出をつくってあげるんだ。だれかに楽しい思いをさせると、いい思い出がつくられる。ぼくたちは楽しみながら仕事をしてるから、お客が参加できる方法をいろいろ見つけられる。参加。これがキーワードだ。お客とのあいだに距離をおくのでなく、いっしょに楽しんでもらえるような方法をさがすんだ。お客を尊重しながらね。うまくいくと、お客は喜ぶ」

メアリー・ジェーンはまた日記をあけて、「人を喜ばせる」と書いた。さまざまな思いで頭のなかがいっぱいになった。この人たちはみんなを参加させて、いっしょに楽しませる。お客もショーに加わることを喜ぶ。ここでいい思い出がつくられれば、その後長いあいだそれがほほえみと楽しい思い出話を生むことになる。ほかの人を参加させて、彼らに楽しい経験をさせるようにすれば、自然にお客のほうに注意がいく。すばらしい心理作戦だわ。だれかを喜ばせることに注意を集中していれば、つねにポジティブな感情が生まれる。

「もしもし？」

気がつくとロニーとブラッドとステイシーが彼女を見つめている。「ごめんなさい、それがどんなに効果的な要素かを考えてたの。ファースト・ギャランティーでも人を喜ばせる方法が見つかるといいんだけど」

「店があきはじめたね。子供たちに何か食べさせにいこう。そこで話をつづければいい。きみたち、おなかすいたかい？」

「すいた！」

注意を向ける

四人は通りをはさんだカフェにテーブルを見つけ、コーヒーとホットチョコレートと菓子パンを注文した。市場にはどんどん客が入りはじめている。ロニーは、魚屋の店員たちが客とやりあうさまにメアリー・ジェーンの注意を向けさせた。そして彼らの動きを見るようにうながし、注意深く見ていれば最後の要素がわかるだろうと言った。彼女はひとりひとりの店員に注目し、その楽しそうな様子や、快活な仕事ぶりに目を見張った。それから手のあいている店員に目を向けた。彼らは活動の機会をさがしているかのように、油断なくまわりに気を配っている。

メアリー・ジェーンが答えを見つけられたのは、前の晩のいやな経験のおかげだった。眠くてきげんの悪い子供を二人つれてある店に入ったのだが、店員がべつの店員に、車をどのように改造したかを話しているあいだ、カウンターのところでえんえん待たされた。

子供たちがいらいらして彼女の服をひっぱり、いつまで待たされるのだろうと腹がたった。ここではそんなことはぜったいないわ、と思った。店員はみな客に注意を向けている。仕事に専念しているのだ。ぼんやりすることもないのかしら？　ロニーにそれが答えかどうかきいた。

「そのとおりだ。ちっとも驚かないよ」彼はそう言って、少年のような笑顔を見せた。「ごみ溜めのみなさん、覚悟しろよ。いよいよ掃除係がやってくるから！」それからつづけた。「こないだ食料品店の肉の売り場で、自分の番を待っていた。店員たちは愛想がよかったし、楽しそうだった。ただ問題は、自分たちだけで楽しんでたことだ。ぼくも入れてくれてたら、まったくちがう経験になってただろうけど。店員たちはいい線いってたけど、大事な要素を欠いていた。客であるぼくに注意を向けなかった。みんな仲間のほうに気をとられていたんだ」

メアリー・ジェーンは日記をひらいて、「注意を向ける」と書いた。

ロニーははじめて、注意を向けるという原則に反する様子を見せはじめた。彼がこう言ったので理由がわかった。「仕事に戻らなきゃ。仲間が喜んでかわりをつとめると言ってくれたんだが、あまり甘えるわけにはいかないから。でもいく前にひとつアドバイスしたい」

「きかせて」

「仕事のやりかたを指図するつもりはないけど、スタッフが魚市場の哲学を自分で見つける方法を考えたほうがいいと思う。口で言うだけでは、効果がないんじゃないかな。みんなをここにつれてくればいいとブラッドが言ったけど、いいアイディアだと思うね」

「あなたとブラッドがコンビを組めば完璧ね。問題を解決しようとあせるあまり、スタッフにも自分で学ぶ経験と、その経験を自分のなかにとりいれるための時間が必要だってことを、忘れるところだった。本当にありがとう……何もかも。おかげで三人とも楽しい経験をさせてもらえたわ」

ブラッドは家に帰るまでしゃべりっぱなしだった。彼に注意を向けておくのはひと苦労だった。何の脈絡もなく、ふとある考えが頭にうかんだ。メアリー・ジェーンはにやっとして、それを月曜日のために心にしまいこんだ。

彼女が教えてくれたことを、私は自分で発見した。

——読み人知らず

日曜の午後

日曜の午後の自分だけの時間に、メアリー・ジェーンは日記をあけて、メモに書きたした。

態度を選ぶ——これについては幸先のよいスタートをきったと思う。スタッフの考えたメニューはすばらしいアイディアだった。進歩のはじめての兆候だ。〃態度を選ぶ〟ことがうまくいかなかったら、あとは時間の無駄だ。この要素についてさらにさぐり、それを浸透させていかなければ。

遊ぶ——魚市場は大人の遊び場だ。魚を売ることをあれだけ楽しむことができるなら、ファースト・ギャランティーにも望みがある。

人を喜ばせる——魚市場ではお客もいっしょに遊ぶようにしむけられる。参加をうながす雰囲気があるのだ。ロサンゼルス時代のボスとは大ちがい。彼はテープレコーダーに向かって話すようにわたしにしゃべり、面白い仕事は決していっしょにさせてくれなかった。

注意を向ける——魚屋の店員たちはつねに注意している。ぼんやりしたり電話をかけたりはしない。まわりの人たちに気をくばり、お客と交流している。久しぶりに会った友だちのように、わたしと話をしてくれる。

月曜の朝

エレベーターにのると、ビルがすぐ後ろにいることに気づいた。わざわざ彼の部屋までいく手間がはぶけたわ、とメアリー・ジェーンは思った。エレベーターは込んでいたので話はしなかったが、三階で扉があくとふりむいてビルに袋を手渡した。袋は異臭を発している。「おみやげよ、ビル。笑うスシっていうの」扉がしまってから、彼が「メアリー・ジェーン！」と叫ぶのがきこえた。

デスクについた二、三秒後に、電話がなった。「妙なプレゼントだな」そういうビルの声には笑いがこもっている。彼女は土曜日にしたことを彼に話した。「その調子でつづけてくれ。魚市場とファースト・ギャランティーがどう関係あるのかわからんが、これから忙しい一日をはじめようというわたしをにやにやさせられるんだから、何かいいことがあるんだろう」

電話を切ったあと、ビルとの関係がすこし変わったようだ、とメアリー・ジェーンは思った。ビルの部下で、彼と対等に話ができる人はあまりいないのだろう。妙な話だけど、わたしが彼をこわがらなくなったことを喜んでいるみたいだ。

実地見学

月曜の朝の一回目のスタッフ・ミーティングで、メアリー・ジェーンはすぐ要点に入った。「毎日自分の態度を選べることを、みんなに徹底させる方法を考えてくれてありがとう。とても元気づけられました。〈態度を選ぶためのメニュー〉はすばらしい思いつきよ。会社中のうわさになっているわ。やっとほめ言葉がきけるのは、うれしいものね。さて、そろそろつぎのステップへいきましょう。みなさんに見ていただきたいものがあるので、昼休みに実地見学をおこないます。このグループは水曜日、あとのグループは木曜日にいくことにします。お弁当を用意するので、何ももってこなくて結構よ。

行き先は、ほとんどのみなさんがもういったことのある場所です。ちょっと変わった魚市場へいって、エネルギーが満ちているとはどういうことかを見るの。そこにいる人たちは、わたしたちと同じような問題を、彼らなりに解決したの。彼らの成功の秘訣を学んで、それを自分たちに応用できるかどうかを見てみましょう」

「歯医者の予約があるんですけど」「その日はお昼に約束があって」異議を申したてる声が、そこここであがった。メアリー・ジェーンは自分でも驚くほど強い調子で、それらを一蹴した。「みんな必ず参加してほしいの。予定のある方はそっちを変更して。これはとても重要なことなの」

水曜日、最初のグループがロビーに集まり、市場へ向かった。「みなさんにしていただきたいのは、これから見る光景をしっかり観察すること」メアリー・ジェーンはそう言ってくすくす笑った。「ヨーグルトを用意しといてね」彼女がヨギ・ベラの言葉を引用して、「見ることでいろいろなことがわかります」と言うと、だれかがお義理で笑った。まあ、最初はそんなものでしょう、と彼女は思った。

一行が到着したとき魚市場は込みあっており、みんなすぐに離れ離れになった。そのため全員の反応を見ることはできなかったが、何人かのスタッフが楽しんでいるのが目に入った。ジョンとスティーヴが店員と話しこんでいるのを見て、もっとよく見ようと近づいた。「人に注意を向けると、相手をまっすぐ見る……親友と話してるときみたいにね……まわりでいろんなことがおこってても、相手のことだけを考えてあげられる」赤毛の店員がジョンに言っている。

えらいわ、ジョンとスティーヴ、なかなか積極的でいい、とメアリー・ジェーンは思った。

木曜日には二番目のグループが出かけた。最初のグループからいろいろきいていたにちがいない。質問はほとんどなく、みな控えめな様子だったが、やがて意外なことがおこった。ベテラン社員のステファニーが、カウンターの後ろへいって魚をキャッチしてみないかと誘われたのだ。オフィスでは内気そうに見えるが、ステファニーはそれに応じた。最初の二ひきは受けそこない、見物客は喜び、同僚たちはおもしろがった。だが三回目にはみごとに素手でキャッチし、万雷の拍手とやじと口笛を受けた。店員たちに楽しい経験をさせてもらったステファニーは、満足の面持ちだった。

彼女にあとおしされたかのように、ほかの人々も積極的に楽しみはじめた。魚が頭上をとびかうなか、ファースト・ギャランティーの面々がやったのは、ヨーグルトのカップを宙にかかげるだけではなかった。

金曜の午後のミーティング

金曜の午後に、メアリー・ジェーンはそれぞれのグループと会った。「パイク・プレイス魚市場のような楽しい職場で働けたらいいと思わない?」とたずねると、何人かがうなずいたり、ほほえんだりした。魚が宙をとんでいる光景が、みんなの頭をよぎったらしい。いちばん目立ったのはステファニーの笑顔だった。しかしやがてみな現実にひきもどされた。

どちらのグループでも、最初の笑顔のあとは抗議の声があがった。「ぼくたちは魚を売ってるわけじゃないからな！」と、マークが言った。「投げるものがないし」と、ベスが言いたした。「あれは男のやることよ」と、アンが言った。「われわれの仕事はつまらない」と、言う者もいる。「注文書を投げようぜ」と、だれかがふざけた。

「そのとおりよ。ここは魚市場ではないわ。やっていることがちがう。わたしがききたいのは、世界的に有名なパイク・プレイス魚市場のような活気に満ちたところで働きたくないかということ。いつも笑顔でいられるところ。自分の仕事とそのやりかたが好きだと思えるところ。毎日くるのが楽しみなところ。いろんな意味で自分の態度を選べることは、もう見せてくれたわね。それをもう一歩すすめてみない？」

ステファニーが発言した。「ここにいる人たちは好きよ。みんないい人たちだから。でも仕事にくるのは大きらい。ここにいると息がつまりそう。まるでモルグみたい。正直に言うわ。べつの仕事をさがしていたの。でももしここがもっと活気のある場所になれば、仕事をするのが楽しくなるでしょう。そうしたらぜったいにやめたりしないわ」

「正直に言ってくれてありがとう、ステファニー。とても勇気のいることだわ」

スティーヴがさらに言った。「ぼくもここをもっと楽しい場所にしたい」

ランディが手をあげた。

「どうぞ、ランディ」

「こないだ個人的なことについて話してくれただろう、メアリー・ジェーン。上司にそんな話をしてもらったのははじめてだった。それで考えたんだ。ぼくもひとりで息子を育てている。だからこの職と、いろんな手当てが必要だ。波風をたてたくはないし、悪いとは思ってるんだけど、ときどきほかの部署のやつらにいらだちをぶつけてしまう。こっちがこの穴ぐらにとじこめられているのに、向こうはいい思いをしてるように思えて。でもあなたのおかげで気がついた。ここを穴ぐらにしているのは、われわれ自身だと。穴ぐらにすることを選択できるのなら、ほかのものにすることも選べるわけだ。それができると思うとわくわくするよ。ここで楽しく仕事ができるなら、仕事以外のところでもそれができるはずだよね」

「ありがとう、ランディ」メアリー・ジェーンは感謝をこめて彼を見て、言い足した。「うなずいている人が何人かいるわね。あなたが今日ここで言ったのは、とても大事なことよ。心からの言葉に、みんな感動しました。ありがとう。協力してもらえてうれしいわ。みんなでもっといい仕事場をつくりましょう。そこにいるのが楽しくなるような。

月曜日から、魚市場の哲学を三階で実践していきます。月曜までに、魚市場で体験したことを考えて、質問や思いつきを書いてきて。今度集まったときに、どんなふうにすすめるかを話しあいましょう。市場で見たことが刺激になって、いい考えがうかぶようにね」

おどけたのがまた発言した。「注文書を投げられないなら、せめてシュレッダーからでた紙くずを投げるわけにいかないかな」部屋は笑いにつつまれた。いい気分だわ、とメアリー・ジェーンは思った。

彼女はつぎに、市場で学んだことのまとめのコピーをくばり、順を追って自分の考えを説明した。そして週末に考えたことを忘れないように、書きとめておくようにみんなに言った。

二回目のミーティングのあと、彼女は自分の部屋へ戻り、ぐったりしてデスクの前にすわった。週末に考えるようにみんなに言ったけど、ほんとに考えてくれるかしら？　スタッフのうち五、六人がその週末に、さまざまな口実をつくって、家族や友人とふたたび市場を訪れることになるのを、メアリー・ジェーンは知るよしもなかった。

メアリー・ジェーンのまとめ

態度を選ぶ——魚市場の人たちは、毎日自分の態度を選んでいることを知っています。一人はこう言いました。「仕事をしているとき、どんな人間になる？

いらいらしたり退屈している人？　それとも世界的に有名な人？　世界的に有名な人間になろうと思うと、「行動もちがってくる」わたしたちは仕事をするとき、どんな人間になりたいでしょうか？

遊ぶ――魚市場の人たちは仕事をしながら楽しみ、それがエネルギーになっています。わたしたちはどうすればもっと楽しみ、エネルギーをつくりだせるでしょうか？

人を喜ばせる――魚市場の人たちは、お客といっしょに楽しんでいます。お客を参加させることで活気と、和気藹々《あいあい》とした雰囲気をつくりだしています。わたしたちにとってお客はだれでしょう？　どうすればお客と、自分たちを楽しませることができるでしょう？

注意を向ける——魚市場の人たちは、仕事に全力を注いでいます。自分たちとお客に注意を向けることを、どんなふうに彼らから学べるでしょう?

月曜日に、あなたが考えたことをきかせてください。

週末の魚市場

「先生が宿題をだしたの？」

ステファニーが顔をあげると、とんでいく魚とロニーの笑顔が目に入った。「こんにちは。そうね、ボスが宿題をだしたと言えるかも」

「ひょっとして、ボスはメアリー・ジェーン？」

「どうしてわかったの？」その声は、べつの店員がにせのフランス語なまりでどなる声にかき消された。「マグロが三びき、パリへとんでった」それでもロニーには彼女の言ったことがきこえたらしい。ここの人たち、注意を向けるのがうまいはずだわ、と彼女は思った。この騒ぎのなかで何かきこうと思ったら、そうせざるをえないもの。

「この前、メアリー・ジェーンのグループといっしょにここへきているのを見かけたんだ。ぼくがおぼえてるかぎりでは、魚をうまくキャッチできたヨーグルトおばさんは、あなたがはじめてだよ」

「ほんと？」

「何か手伝おうか？ 困ったような顔をしてるけど」

ステファニーはノートに目を落とした。「注意を向けるというのはわかるの。いまあなたがわたしにしてくれているのがそれね。それから、魚をキャッチしたとき……あんな楽しい思いをさせてもらったことは、忘れないわ。わたし、遊ぶのは自然にできるの。ばかなことをして楽しむのは大好き。でも、態度を選ぶというのが、まだよくわからない。だって、どんな態度をとるかは、どう扱われるか、どんなことがおきるかに影響されるでしょう？」

「それをきくのにぴったりの人物がいる。ウルフだ。プロのレーサーになろうとしていた矢先に、ひどい事故にあった。くわしい話はウルフにきいてくれ。裏の倉庫へいかなきゃならないけど、寒くない？」

「ぼくたちもいっていい？」

ステファニーが左手を見ると、スティーヴとランディと、かわいらしい男の子がいた。紹介しあったあと、みんなでウルフの話をききにいった。ウルフは、事故のけがから回復しつつあるとき、毎日自分の態度を選ぶようになった話をした。三人はその話に感銘を受け、月曜日のミーティングで同僚にも話すことを約束した。

その後スティーヴは帰らねばならなかったが、ステファニーとランディと彼の息子は、通りの向こうのカフェにいった。大人がコーヒーを飲むあいだ、ランディの息子は大きなチョコレートチップマフィンを食べた。

「ねえ」とステファニーが言った。「ごみ溜めを掃除したほうがよさそうね。べつの仕事がいまのよりいいという保証はないんだから。それに考えてみて。メアリー・ジェーンみたいに話のわかるボスは、そういないわよ。すごく尊敬してるの。彼女、ずいぶん大変な思いをしてるのよね。あのいけすかないビル・ウォルシュとも、堂々とわたりあったという話よ。ほかの部署の部長で、彼に反抗した人はだれもいないわ。それってすごいことだと思わない、ランディ？」

「ぼくも同じことを考えてたんだよ、ステファニー。魚市場の連中にあれだけのことができたんだから、メアリー・ジェーンみたいなボスのいるぼくたちは、何だってできる。簡単ではないけどね。仲間のなかにも、以前のぼくみたいにこわがってるやつがいる。こわいから疑い深くなってるんだ。ぼくたちが前向きな姿勢を示せば、役立つかもしれない。とにかく、変えようとしなければ状況はよくならない。ぜひよくなってほしいんだ」

ステファニーが車へ向かっていると、ベティとご主人がいるのが見えた。手をふってから、ほかにも同僚が三人、人ごみのなかにいることに気づいた。すばらしいわ、と彼女は思った。

計画の実施

月曜の朝のミーティングのために第一のグループが集まり、部屋はざわついていた。メアリー・ジェーンはこのような言葉でミーティングをはじめた。「わたしたちがここに集まったのは、ごみ溜めを一掃するためです。今日は市場からさらに学べることがないか見て、それからつぎのステップを決めましょう。先にすすむ前に、週末に考えたことで何か検討したいことがありますか?」

ステファニーとランディがぱっと立ちあがり、交代でウルフの話をみんなに伝えた。まずステファニーが言った。

「ウルフはとてもかっこいい人だけど、最初はちょっとこわかったわ。うなるような声なんですもの。でもとにかく、プロのレーサーをめざしていたのに、思いがけない事故のために断念せざるをえなかった話をしてくれたの。彼が言うには、しばらくは自己憐憫にひたっていたけど、そのうち恋人に去られ、友人たちも電話してこなくなった。それで大きな選択を迫られていることに気づいたというの。生きることを選択して充実した毎日を送るか、逃したチャンスを惜しんで人生を無為に生きるか。それ以来、毎日を精いっぱい生きることを選択しているんですって。感動的な話だったわ」

「息子はウルフに夢中になってね」と、ランディはつづけた。「ウルフの話をきいて、ぼくたちのいるこの三階の状況を真剣に考えた。ここをどんな場所にするかは、自分たちにかかっていることをね。ウルフの教訓を生かせば、ここをすばらしい場所にすることができる。毎日どんな態度をとるかを選ばないといけない。それも賢明にね」

スティーヴも感想を述べた。

「ありがとう、スティーヴ。ありがとう、ランディ。ありがとう、ステファニー。みんなこの週末は忙しかったようね。残業手当を要求されないのはありがたいわ」笑い声がおさまってから、メアリー・ジェーンはきいた。「ほかにこれらの点について意見のある方は？」四十五分後、メアリー・ジェーンはディスカッションを終わりにすることにした。

「この先どんなふうにすすめていくか、何かアイディアはない？」

「四つの要素のそれぞれに、チームを決めたらどうですか？」新参の社員が言った。

何人かがうなずいた。

「ではそうしましょう」と、メアリー・ジェーンは言った。「あとのグループの人たちがこの案に賛成すればね。各自、自分の好きなチームに入ればいいわ。もうひとつのグループの賛同が得られれば、全部を覚え書きの形にして明日わたします。ほかに話しあいたいことが何かある？」

ミーティングの終わりに彼女は申しこみ用紙をまわし、四つのチームのどれかに名前を書くようみんなに言った。第二のグループもチームをつくるというアイディアに賛成した。みな具体的な行動のプランができたことにほっとしているようだった。

チームが動きだす

〈遊びのチーム〉は希望者がすこし多すぎたので、メアリー・ジェーンは調整することにした。「〈遊び〉から〈態度を選ぶ〉か〈注意を向ける〉のチームに移った最初の三人に、本物のパイク・プレイス魚市場のTシャツをさしあげます」こうしてチームの人数のバランスがとれると、一般的なガイドラインと期待をしるした覚え書きを作成した。

チームのガイドライン

・各チームは六週間で自分たちのトピックを研究し、情報を集め、その結果を社外でのミーティングで発表する。

・発表には、実行の有無を検討できる何らかの具体策がふくまれていること。
・各チームはそれぞれミーティングの時間をきめ、一週間のうち二時間をそれにあてる。仕事時間中にチーム・ミーティングに出席する者は、だれかに仕事をカバーしてもらうよう手配する。
・各チームはそれぞれの裁量で二百ドルの予算を使うことができる。
・各チームは自分たちでミーティングをおこなう。
・チームが行き詰まったときはわたしが調整役をつとめるが、できればチームが自分たちで問題を解決することを望む。

幸運を祈ります！　みんなが働きたいと思うようなオフィスをつくりましょう！

チームの発表

チームが動きだしてから六週間たった。今日が発表の日だ。メアリー・ジェーンはグループが全員集まれるよう、午前中どうしても必要な仕事だけほかの部署の人たちにかわってもらうよう、ビルにたのんでおいた。驚いたことに、ビルはそれを手配するだけでなく、自分も手伝おうと申しでた。「きみたちが何をやってるか知らんが、三階にいままでにないエネルギーがすでに感じられる。その調子でやってくれ。ほかに何かわたしにできることがあったら、言ってほしい」

メアリー・ジェーンはいささか緊張していた。どのチームからも最低一回はきてくれとたのまれている。彼女は自分が主導権をにぎることなく助言し、支えになるようつとめてきた。この二週間に、資料と会議室の使用許可は求められたが、それ以上の要求をしたチームはなかった。四つの発表がどんなものになるのか、まったくわからなかった。そして今日、みんなは社外でそれぞれのチームの発表をきくことになっている。

午前九時に、全員歩いてアレクシス・ホテルへ向かった。ビルやほかの有志がオフィスの番をするためにやってきた。「がんばれよ」と、ビルが言った。

アレクシス・ホテルへ到着すると、マーケット・ルームに案内された。ぴったりだわ、とメアリー・ジェーンは思った。発表は〈態度を選ぶチーム〉にいちばん最後にしてもらうことに決めていた。「それがすべての要素の基礎になっているわけだから、最後に検討したいの」と、各チームに説明してある。

会議室に入ると、胸がいっぱいになった。部屋には色と音楽とエネルギーがあふれていた。椅子にはひとつひとつ風船がくくりつけられ、色とりどりの花のアレンジが部屋をいきいきさせている。みんなチャレンジに応じてくれたんだわ、と思った。時計のネジが巻きなおされたのね。いちばんの驚きは、魚屋のいでたちをした男が部屋の奥にすわっていることだ。ロニーだった。メアリー・ジェーンは彼のとなりの席につき、発表がはじまった。

遊びのチーム

〈遊びのチーム〉のメンバーのひとりがみんなの注意をうながし、全員前にでるように言った。指示がだされているあいだ、みな手持ちぶさたの様子で立っていた。「わたしたちの発表は、全員が参加するゲームの形でおこないます」と、遊びのチームの代表者のベティが言った。

〈遊びのチーム〉が考えたゲームはつぎのようなものだ。カラー紙を丸く切りぬいたものを床にならべ、音楽にあわせて丸から丸へとすすんでいく。それぞれの丸には、このチームの報告のキーポイントが記されている。音楽がとまると、その丸に立っている人がそこに書かれていることを読みあげる。書かれていることは、二つのグループに分けられる。ひとつは遊びの効用、もうひとつは実行すべきアイディアだ。よくやったわ、とメアリー・ジェーンは思った。

遊びの効用

・楽しい気分だと人に親切にできる。
・楽しいときは創造性も高まる。
・時間が早くすぎる。
・楽しむことは健康によい。
・仕事自体が報酬になり、報酬を得るための方策ではなくなる。

三階で遊びを実行する方法

・〈ここは遊び場です。大人のかっこうをした子供に注意してください〉と書いたポスターをはる。

・「今月のジョーク」コンテストをはじめ、そのための掲示板をつくる。
・もっと色をふやして、環境を楽しいものにする。
・生き物が身近にあるように、鉢植えや魚の水槽をおく。
・昼休みにお笑いの寸劇をするなどのイベントをおこなう。
・豆電球を用意し、落ちこんだときや、いいアイディアがうかんだときにつける。
・創造性を発揮するための教育をおこなう。
・〝砂場〟と呼ばれる創造性認定地区をもうける。
・遊びの委員会をつくって、遊びのアイディアを募集する。

人を喜ばせるチーム

つぎは〈人を喜ばせるチーム〉が発表する番だ。「準備するあいだ廊下へでて、コーヒーでも飲んでいてください」というのが、最初の指示だった。部屋に呼びいれられると、スタッフは小さなグループに分けられた。それぞれに〈人を喜ばせるチーム〉のメンバーがひとりずつ入っている。うろうろしているみんなに、ステファニーが指示をだした。

「グループごとに十五分かけて、わたしたちにとっていちばん重要な、社内の仕事相手をサポートし、仕事をやりやすくするための方法を考えてください。でもその前にあるデータを紹介します。これはわたしたちがおこなったアンケートの結果です。深呼吸して気持ちを落ち着けてください。これからお見せするのは、決して愉快なものではありませんから」スライドがうつされた。ショックの波が部屋のなかをかけぬけた。だれかが息をのむ音がきこえた。

他の部署の人たちへのアンケートの結果

1　相手はわれわれと仕事をすることをおそれている。みんなわれわれのことを〝夢遊病者〟と呼ぶ。まるで鎮静剤でものまされているように見えるからだ。人間味の感じられない応対をされるよりは、けんかをしたほうがましだという。

2　われわれのやる仕事は悪くはない。だが顧客へのサービスがしやすいように配慮することはまずない。与えられた仕事だけをやり、それ以外のことは一切やらない。

3　われわれはしばしば相手に対して、うるさそうな様子を見せる。

4　われわれは問題の解決に興味を示さず、相手をたらいまわしにすることがよくある。まるで責任を回避しているように見える。

5　みんな四時以後に発生した問題に対するわれわれの反応、というより無反応について、冗談を言いあっている。四時半にわれわれがいっせいにエレベーターに突進するさまも、物笑いの種になっている。

6　みんなわれわれに本当にやる気があるのかどうか、疑問に思っている。

7　われわれは〝衰退の最終段階〟と言われている。

8　われわれの部署をつぶして、かわりに外部に仕事を発注してはどうかという

案がだされている。

ステファニーは言った。「わたしたちのチームはこの結果に最初はショックを受け、ついで怒りをおぼえました。でもしだいに、他の部署の人たちが本当にこう思っていることがわかってきました。どんな言い逃れや解釈をしようと、相手がこう感じていることを変えるわけにはいきません。それが彼らの見たままの現実です。問題は、それに対してわれわれはどうすればいいかということです」

もうひとりのチーム・メンバーが、熱意をこめてつづけた。「われわれはファースト・ギャランティーのなかで自分たちがどんなに重要な役割をになっているかを理解していないと思います。おおぜいの人がわれわれにたよっています。われわれがへまをやったり、ぐずぐずしたりすると、その人たちの立場が悪くなります。われわれにはほかにもやることがあるとか、報酬の点で恵まれていないといったことは、彼らには関係ないことです。

彼らはわれわれのサラリーを払ってくれる顧客にサービスを提供しようとしているだけです。そして彼らから見ると、われわれは質の高いサービスをはばむ要因なのです」

今度はステファニーが言った。「わたしたちはみなさんのアイディアを切実に必要としています。ごみ溜めからでて、社内の仕事相手を喜ばせる方法を考えてください。四十五分かけて、グループごとにできるだけたくさんのアイディアをだしていただきたいと思います。では席についてはじめてください。わたしたちのチームのメンバーが書記をつとめますから」しばらくはしんとしていたが、やがて各グループは問題にとりくみはじめた。みな最初の発表によって生まれたエネルギーに力を得ている。

時間がくると、ステファニーが言った。「それではちょっと休憩して、そのあいだに書記にメモをまとめてもらいましょう」十分後、彼女はふたたびみんなを呼び集めた。「結果をざっと見たところ、賞は第四テーブルのみなさんにさしあげることになりました」第四テーブルの人たちがでていき、それぞれ〈人を喜ばせる〉バッジを受けとった。ほかの人たちにも小さなバッジがくばられた。そしてみんなの注意は結果のまとめに向けられた。

人を喜ばせることの効用

・ビジネスにとって好ましい。
・相手によいサービスを提供すると、他人に奉仕する人間としての満足感が得られる。それによって自分自身の問題ではなく、どうすれば人の役にたてるかという点に意識を集中できる。これは健康的でよい気分をもたらし、さらなるエネルギーを生む。

人を喜ばせる方法

・勤務時間を時差制にして、午前七時から午後六時まで必ずだれかがオフィスにいるようにする。これはみんなに喜ばれるだけでなく、勤務時間を変えてほしいスタッフにとっても好都合だ。

・いくつかのグループをつくって、どうすればみんなによりよいサービスを提供できるかを検討する。たとえば、特定の相手に焦点をあわせた特別なグループをつくるとか。

・他の部署の推薦にもとづき、毎月および年に一度、人を喜ばせる質の高いサービスを提供した人に賞を与える。

・他の部署も参加する完全なフィードバック・システムをつくる。

・相手を驚かせ、喜ばせることに専念するプロジェクト・チームをつくる。

・重要な社内の仕事相手を、月に一度「遊びにくるよう」誘う。

・スカンジナビア航空ではじまった「真実の瞬間」を実現するための方法を考える。相手とのすべてのやりとりが好ましい結果になるよう努力する。

メアリー・ジェーンは内心大喜びだった。「みんながこれだけ真剣にとりくんでくれるなら、必ず部署の雰囲気を変えることができる。ステファニーはやる気満々で、彼女のグループにもその情熱が広がりつつあるみたい。ぜったいにできる！　できるに決まってるわ！」ロニーの満足そうな顔が、ちらっと見えた。

注意を向けるチーム

〈注意を向けるチーム〉はそれまでのチームとまったくちがうやりかたで発表をおこなった。気分が変わって、みんなも喜んだ。心が休まるような音楽がバックに流され、メンバーのひとりが言った。「目をつぶってリラックスしてください。それから深く息を吸ってください。現在に注意を向けるために役立つ一連のイメージを、これから紹介していきます」

それが終わると、彼女は言った。「ではグループのメンバーが話をします。そのままリラックスして呼吸を整え、目をとじていてください」

それから心にひびくようなメッセージがいくつか読みあげられた。そのひとつはつぎのようなものだった。

過去は歴史
未来は謎
現在は贈り物
だからプレゼント（現在）と呼ばれる

ジョンが個人的な話をはじめた。「わたしは非常に忙しい生活を送っていました」悲しみのこもった声だ。「なんとか帳尻をあわせて、そこそこ豊かな生活をするために必死でした。ある日娘が公園にいこうと言いました。いいねえ、でもいまは忙しいからだめだ、と答えました。仕事が終わるまで待ってくれと。でもいつも急を要する大事な仕事があって、いくことができませんでした。数日が数週間になり、数カ月になりました」結局、公園へいけないまま四年たってしまった、と彼は涙声で言った。娘は十五歳になり、もう公園にも、父親にも興味を失っているという。

ジョンは言葉を切り、深く息を吸った。「魚市場の店員のひとりと、注意を向けることについて話しました。おかげで自分が家庭でも仕事でも、心から人に注意を向けていなかったことに気づきました。店員は家族みんなで市場へくるように誘ってくれました。娘はいきたくないと言いましたが、なんとか説得してつれていきました。みんなで楽しいときをすごして、わたしは子供たちに注意を向けるようにつとめました。妻が通りの先のおもちゃ屋に息子をつれていっているあいだ、娘といっしょにすわって、それまで彼女に注意を向けなかったことをあやまりました。どうか許してほしい、過去を変えることはできないけど、これからは目の前のことに注意を向けるよう努力するから、と話しました。パパはそんなに悪い父親じゃない、もうちょっとほがらかになればそれでいい、と娘は言ってくれました。まだ先は長いけど、だんだんよくなってきてはいます。注意を向けることで、失ったことに気づかなかったもの——娘との関係もとりかえせるかもしれません」

ジョンの話が終わると、ロニーは小声でメアリー・ジェーンに言った。「話にでてきた店員はジェイコブだ。やつはそれ以来有頂天になってる。まだ新入りでね、だれかを助けるのははじめてだったんだ」

ジャネットも、以前の同僚の話を気持ちをこめて語った。「その人、いつもわたしの注意をひこうとしていました。でもわたしは個人的な問題で頭がいっぱいで、彼女の話をきいてあげませんでした。ところがそれから大変なことがおこりました。彼女は予測がはずれてクライアントに損をさせているのに、それをごまかすために偽のレポートをだしつづけていたのです。それが発覚したときにはもう手の打ちようがなく、彼女は仕事を失い、会社はクライアントと多額のお金を失いました。彼女があけた穴を補塡できなかったため、わたしも仕事を失いました。もし同僚が助けを求めたときに注意を向けてあげていれば、こんなことにはならなかったはずです」

つぎにベスがやはり個人的な話をした。あるとき、テレビの前でエアロバイクにのりながら雑誌を読んでいると、息子が入ってきてカウチにすわった。彼が悩んでいるのがわかった。「母親にはぴんとくるものなのです」と、ベスは言った。「以前なら、バイクをこぎつづけながら息子と話をしたでしょう。でも経験と離婚のおかげで、愛する者に接するときに効率を重視するのは賢明でもないし、思いやりのあることでもないとわかっていました。そこでテレビを消し、バイクをおり、雑誌をわきにどけて、一時間じっくり息子の話をききました。彼は人生のさまざまな問題に対処するのに苦労していることを話してくれました。息子に全面的に注意を向けて、本当によかったと思います」

ほかにもグループの何人かが、個人的な話や仕事の話をした。そして、これからは仲間同士と他の部署の人たちに注意を向けることを約束する、と述べた。「注意を向けると、相手に思いやりをもつことができます」と、チーム・メンバーのひとりがつけ加えた。彼らはまた自分たちのあいだで、あるいは社内の仕事相手と何らかの問題を話しあっているときにも、注意を向けることを誓った。真剣に耳をかたむけ、気を散らさないようにするのだ。お互いに「いまいいですか？　きいてもらえますか？」ときくようにしてもいい。こうした問いかけをしやすいように、チームは合い言葉を考えた。何らかの問題を話しあいたいとき、「気が散ってるようだけど」という合い言葉で、注意を喚起しようというのだ。それをためしてみることにみんなも同意した。また同僚や顧客と電話で話しながら、Eメールを読んだり書いたりするのはやめようということにも、全員が賛成した。

態度を選ぶチーム

最後に〈態度を選ぶチーム〉が発表した。彼らのレポートは短く、要点をついたものだった。「わたしたちのチームが考えた、態度を選ぶことによってもたらされる効用はつぎのようなものです。

まず自分の態度を選ぶのは自分であると認めることにより、自分に責任をもち、活動的になることができます。それだけでも三階に活気がもたらされるでしょう。

二番目に、自分の態度を選べば、被害者のようにふるまうわけにいきません。

三番目に、おそらくわたしたちが選ぶのは、仕事に意欲をもち、自分の仕事を好きになろうという態度でしょう。いまやっているのは、自分がいちばん好きなことではないかもしれない。でも、やっていることを好きになろうと努力することはできます。わたしたちは自分の最良の資質を仕事に向けることができます。そうすることを選ぶのです。もしこのひとつのことができるなら、わたしたちのオフィスはこのきびしい業界のなかで、エネルギーと柔軟性と創造性に満ちたオアシスとなるでしょう」

態度を選ぶことを実行する

チームの精力的な代表者であるマーガレットは、〈態度を選ぶ〉を実行するための方法は、きわめて個人的なものである、と話した。「わたしたちの多くは、自分に選ぶ能力があることを見失っています。お互いに思いやりをもちながら、ともに自由意志を行使する能力を育んでいく必要があります。もし選択肢があることを知らなければ、あるいはそれがないと思いこんでいれば、選択の余地はありません。わたしたちのグループのなかには、大変つらい経験をしている人もいます。人によっては自分の態度を選べるという考えを身につけるのに、時間がかかるでしょう」

べつのチーム・メンバーがつづけた。「わたしたちは態度を選ぶことを実行するための方法をふたつ考え、すでにそれをすすめています。

まず『自己責任——充実した仕事時間への道』という小冊子を全員に一冊ずつ購入しました。みなさんにそれを読んでいただいてから、グループをつくって話しあいます。それがうまくいけば、『1分間顧客サービス』、『7つの習慣』、『1分間モチベーション』、『未踏の道』についてのディスカッションをおこないます。これらはみな、態度を選ぶという概念を理解するために役立つ本です。

つぎに、オフィスで使っていただくための、態度のメニューをつくりました。これは前にも見たことがあるでしょう。オフィスのドアにあのポスターをはりつけたのがだれかわからないので、その人に敬意を表すわけにいきませんが。これからはこのメニューから毎日の態度を選ぶことができます」

メアリー・ジェーンは自分のメニューを見た。両面に絵がかかれている。片面にはまゆをしかめた顔があり、そのまわりに怒り、無関心、恨みといった言葉がある。もうひとつの面には笑顔と、エネルギッシュ、思いやり、元気、協力、創造的などの言葉がある。いちばん上には、〈選ぶのはあなた〉と書かれている。三階の正面のドアにはられたメニューを補完したものだ。メアリー・ジェーンは席を立って、ひとりひとりのスタッフをねぎらいはじめた。ロニーもそれにつづいて、彼なりの励ましの言葉をかけた。メアリー・ジェーンが全員と話し終えたときには、昼すぎになっていた。いまやごみ溜めが一掃されようとしていることを、彼女は確信した。

ロニーはメアリー・ジェーンを会社まで送っていった。ふたりが人目をひいたことは言うまでもない。キャリアウーマンと、作業着姿の魚屋がいっしょに歩いているのだから。ロニーを知っている人が多いのも驚きだった。

「じゃきみのボスは、転職の誘いのことは知らないんだね」と、ロニーは言った。二週間前、ファースト・ギャランティーのライバル企業からメアリー・ジェーンのもとへ、思いがけない電話がかかってきた。うちの会社へこないかという誘いの電話だった。

「知らないと思うわ。たぶんわたしを引き抜こうとした人は、前の上司から話をきいたのだと思う。彼女は最近ファースト・ギャランティーをやめて、ポートランドにある会社のとてもいいポジションに移ったの。職場ではだれにもそのことは言ってないわ」

「どうしてそんなおいしい話を断わったんだろうと思ってたけど、その理由がわかったよ。きみはこのプロジェクトにのめりこんでいるんだね。みんなを見捨てることができなかったわけだ」

「それだけじゃないのよ、ロニー。ファースト・ギャランティーをもっと働きやすい楽しい場所にするために、こんなにがんばったんですもの。やめることなんかできないわ。いい思いをするのはこれからなのに」

二月七日、日曜日——一年後、コーヒーショップで

メアリー・ジェーンは『シンプルな豊かさ』の本をあけて、二月七日のページをあけた。感無量だわ。一年前、わたしはここにすわって、いったいどうやってごみ溜めを掃除しようかと考えていた。そして自分にも問題がある、みんなをひっぱっていくにはまず自分を変える必要がある、と気づいたのだ。

ホテルでのチームの発表は幸先のよいスタートだった。スタッフはもともと能力のある人たちだった。魚市場の連中が、それをひきだしてくれたのだ。いまでは三階は見違える

ようなすばらしい場所になっている。わたしたちの新しい問題は、会社中の人がうちの部署で働きたがることだ。たぶんエネルギーは最初からそこにあったのだろう。

会長賞をもらえたのは思いがけないことで、うれしかった。会長はわたしが賞状のコピーをたくさんほしいと言ったので、びっくりしたようだった。わたしとビル、部署のみんな、そしてロニーとほかの店員たちもそれぞれ一枚ずつもらった。世界的に有名なパイク・プレイス魚市場のレジの上にそれがかかっているのを見ると、うれしくなる。それはロニーの家の居間にも飾られている。

日記のお気に入りの個所をあけた。ジョン・ガードナーによる人生の意味についての考察を書き写したページだ。

意味

それはなぞなぞの答えや宝さがしの賞品のように、偶然見つけるものではない。意味は自分で人生のなかに組みこんでいくものだ。それは自分の過去、愛情、忠誠心、祖先から受けつがれた人類の知恵、才能、知識、自分の信じるもの、愛するものや人、何かを犠牲にしてもかまわないと思うような大事な価値などからつくられる。材料はそろっている。それを組みあわせて人生をつくることができるのは、自分だけだ。自分にとって尊厳と意味のある人生をつくりあげよう。それができれば、個々の成功や失敗は、とるにたりないものになる。

――ジョン・ガードナー

メアリー・ジェーンは、自分の考えや心を豊かにするヒントが書かれた日記をとじながら、あふれる涙をぬぐった。

「ロニー、あなたが全部食べちゃう前に、そのスコーンをひとつもらえる？」ロニーは本を読みながら、静かに彼女の向かいにすわっていた。彼はメアリー・ジェーンのほうに皿をおしやった。スコーンをつまもうと手をのばすと、皿の上にはスコーンならぬ大きな魚の頭がのっていた。その大きくあいた口のなかに、小さなダイアモンドのエンゲージリングが入っている。ロニーを見上げると、心配そうな顔に問いかけるような表情をうかべている。メアリー・ジェーンは息がつまるほど笑いながら言った。「ロニー！　もちろんいいわよ。でもあなたってどんなときでも遊ぶのをやめないのね」

その日、シアトルは天気が悪かった。外は寒くて暗く、陰うつだったが、なかの雰囲気はまったくちがっていた。

会長賞の授賞式

会長が演壇に立ち、観衆を見わたした。彼女はメモを見て、ふたたび顔をあげて言った。

「わたしの人生で、今夜ほど誇らしく思ったことはありません。ファースト・ギャランティーですばらしいことがおこったのです。裏方の仕事を担当する三階のある部署で、メアリー・ジェーン・ラミレスと彼女が率いるスタッフが、貴重な発見をしました。その日に満足のいくやりがいのある仕事をするかどうかは、朝、会社にくるときに自分で選択できるというのがそれです。『今日はいい一日になるだろうか？』と自問し、『なるとも。今日をすばらしい日にしてやる！』と答えるのと同じくらい、それは簡単なことなのです。

ベテランも新入社員と同じ情熱をもち、きまりきった仕事と思われていたものも、付加価値のついた活動に変わっています。きくところによると、このような変化をもたらした要素は、地元の魚市場で発見されたということです。三階の人々は、魚市場をすばらしい仕事場にすることができるなら、ファースト・ギャランティーのどんな部署でも、この上ない仕事場にできると考えました。

この変化をもたらすための要素を刻んだプレートが、本社ビルの正面玄関にかけられています。内容はつぎのようなものです」

わたしたちのオフィス

この仕事の場へ入るときは、今日をすばらしい日にすることを選択してください。あなたの同僚、顧客、チームのメンバー、そしてあなた自身が、そのことに感謝するでしょう。遊びの方法を考えてください。しかめ面をしなくても真剣に仕事をすることはできます。顧客やチームのメンバーがあなたを必要とするときに注意を向けられるよう、いつも気をくばっていてください。エネルギーが枯渇してきたと感じたときは、効果満点のこの治療法をためしてください。手助けや支えの言葉を必要としている人、耳をかたむけてくれるだれかをさがして、喜ばせてあげるのです。

訳者あとがき

世の中には主婦業もふくめて、ありとあらゆる職業があり、みな生活のためやその他もろもろの理由で、なんらかの仕事をしている。子どものころからあこがれていた職業につき、仕事が大好きで毎日が充実しているという幸せな人もなかにはいるだろう。だがいやでたまらない仕事をひたすらがまんしてやっている人もいないことはないし、そこまでいかなくても、仕事がそう楽しいわけではないという人も多い。

だがふつう一日の三分の一、場合によってはもっと多くの時間を仕事に費やすのだから、それを楽しまない法はない。各自が楽しく仕事をするようになれば職場にも活気がうまれ、ビジネスにも好影響をおよぼす。ではどうすればそれが実現できるのか？　本書ではその具体的な方法が、寓話の形で示されている。

ストーリーはいたってシンプルだ。ふたりのおさない子どもをもつシングルマザーであるメアリー・ジェーンが、大手の金融機関のマネジャーに抜擢され、〝ごみ溜め〟と呼ばれるほどやる気のないスタッフが集まった自分の部署を、なんとか改善しようと奮闘する。そのためのヒントを、彼女はなんと魚市場から得るのだ。

ここに登場するパイク・プレイス魚市場は、シアトルに実在する。著者たちがあるときそこを通りかかり、活気に満ちた楽しげなその雰囲気にひかれ、何がそれをもたらしているのかをさぐった。そして職場の活性化のためにその秘訣を応用することを考え、そのノウハウを伝えるビデオを製作した。それが大好評をはくし、日本でも名を知られる大手企業をふくめ、世界中の四千をこえる組織で利用される教育用ビデオのベストセラーとなり、数々の賞も受賞した。それを本の形にしたのが本書である。

魚市場に学ぶ楽しく仕事をするための秘訣は、あっけないほど簡単で、一見あたりまえに思えることばかりだ。しかしこれがまさしくコロンブスの卵で、一つ一つの要素をあらためて見ると、なるほどと感じ入る。

たとえば、どんな態度をとるかをきめるのはつねに自分であるという指摘。いらいらしたり、うんざりしたり、ぴりぴりしたりするとき、原因はともかくその態度そのものは自分が選んだものだ。そう言われて、仕事が忙しくなるとやたらつっけんどんになり、言動が粗暴になるわが身をかえりみて、大いに反省した。忙しくて心の余裕がなくなることと、それをもろに態度にだすこととは別問題なのだ。

遊ぶことの重要性も指摘されている。楽しい気分だと人に親切にできるし、創造性も高まる。健康にもよく、職場も活気づく、といいことづくめだ。といっても、一部のおじさんだけが盛りあがる会社の宴会や、新入社員が無理にチアリーダーをやらされるような社内運動会では、たいして効果は期待できないだろうが。

人を喜ばせることと、人に注意を向けることも、あらゆる組織の質の向上に役立つという。これらはそれぞれべつの要素として説明されているが、そもそも相手に注意を向けなければ喜ばせることはできないだろうから、このふたつは不可分の関係にある。同僚や顧客と電話で話しているときに、Ｅメールを読んだり書いたりしてはいけないという注意には、耳の痛い向きもありそうだ。

このくだりでスカンジナビア航空の「真実の瞬間」という概念がでてくるが、これは一九八〇年代に同航空の社長に就任したヤン・カールソンがはじめた、顧客重視のサービス戦略のことだ。最前線の従業員の最初の十五秒の接客態度が、その会社全体の印象をきめてしまう。その十五秒を、カールソンは真実の瞬間と呼んでいる。

本書の目的は、個人や組織がその可能性を最大限に発揮するのを手助けすることだ。それが企業の生産性を高めることはもちろんだが、それはいわば付随的におこることであり、基本的にはここで示されているのはよりよい生きかたの指針であると言えよう。やさしい言葉のなかに貴重な知恵がつまった、読んで元気のでる本だ。

二〇〇〇年十二月

相原真理子

1947年東京生まれ．慶應義塾大学文学部英文科卒．訳書に『FBI心理分析官』レスラー（早川書房），『赤ちゃん使用説明書』ラモット，『ターシャ・テューダーの世界』テューダー，『検屍官』コーンウェル，など多数．

フィッシュ！

鮮度100％ ぴちぴちオフィスのつくり方

二〇〇〇年十二月三十一日 初版発行
二〇〇三年 六 月 三十 日 十二版発行

著者 スティーヴン・C・ランディン
ハリー・ポール
ジョン・クリステンセン

訳者 相《あい》原《はら》真《ま》理《り》子《こ》

発行者 早川 浩

発行所 早川書房

東京都千代田区神田多町二—二
電話 〇三-三二五二-三一一一（大代表）
振替 〇〇一六〇-三-四七七九九
http://www.hayakawa-online.co.jp

印刷所 精文堂印刷株式会社
製本所 大口製本印刷株式会社
定価はカバーに表示してあります
Printed and bound in Japan

ISBN4-15-208326-3 C0034

乱丁・落丁本は小社制作部宛お送りください。
送料小社負担にてお取りかえいたします。